MARCO POLO

Reisen mit **Insider Tipps**

USEDOM

MARCO POLO Autoren
Kerstin Sucher
Bernd Wurlitzer

Kerstin Sucher und Bernd Wurlitzer *(www.tourismus-journalisten.de)* leben und arbeiten als freie Reisejournalisten in Berlin. Ihre große Liebe gehört Mecklenburg-Vorpommern; durch zahlreiche Veröffentlichungen gelten sie als profunde Kenner dieses Bundeslandes. Häufig sind sie auf Usedom und in den Eingangstoren Anklam und Wolgast unterwegs.

www.marcopolo.de/usedom

← UMSCHLAG VORN:
DIE WICHTIGSTEN HIGHLIGHTS

Die besten Insider-Tipps → S. 4

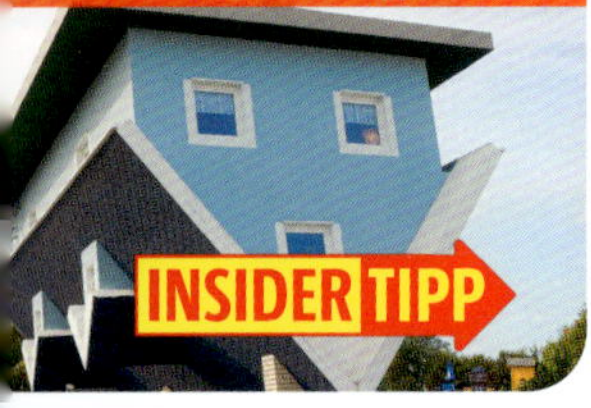

Best of ... → S. 6

Inseltore → S. 32

Der Norden → S. 38

SYMBOLE

INSIDER TIPP	Insider-Tipp
★	Highlight
●●●●	Best of ...
	Schöne Aussicht
	Grün & fair: für ökologische oder faire Aspekte
(*)	kostenpflichtige Telefonnummer

PREISKATEGORIEN HOTELS

€€€	über 130 Euro
€€	90–130 Euro
€	bis 90 Euro

Die Preise gelten für zwei Personen im Doppelzimmer (Dusche/WC, Frühstück) in der Hochsaison

PREISKATEGORIEN RESTAURANTS

€€€	über 18 Euro
€€	12–18 Euro
€	bis 12 Euro

Die Preise beziehen sich auf ein Hauptgericht ohne Vor- und Nachspeise und ohne Getränke

Titelthemen: Erker, Türmchen, Wintergärten S. 65 | Jazz & Klassik im Kraftwerk S. 101

Der Süden → S. 54

Greifswalder Oie → S. 74

Swinemünde → S. 80

Reiseatlas → S. 110

GUT ZU WISSEN

Geschichtstabelle → S. 12
Bücher & Filme → S. 21
Usedomer Spezialitäten → S. 26
Algen und Honig → S. 63
Safari im Landrover → S. 72
Maritimes Lexikon → S. 78
Was kostet wie viel? → S. 107
Wetter auf Usedom → S. 108

KARTEN IM BAND
(112 A1) Seitenzahlen und Koordinaten verweisen auf den Reiseatlas
(0) Ort/Adresse liegt außerhalb des Kartenausschnitts
Es sind auch die Objekte mit Koordinaten versehen, die nicht im Reiseatlas stehen
Karten von Ahlbeck, Bansin, Heringsdorf und Swinemünde im hinteren Umschlag und auf der Faltkarte

UMSCHLAG HINTEN: FALTKARTE ZUM HERAUSNEHMEN →

FALTKARTE
(A–B 2–3) verweist auf die herausnehmbare Faltkarte

Die besten MARCO POLO Insider-Tipps

Von allen Insider-Tipps finden Sie hier die 15 besten

INSIDER TIPP **Kulinarische Strandwanderung**
Das längste und originellste Neun-Gänge-Menü der Welt: Lassen Sie sich an neun Gourmetstationen von ebenso vielen Meisterköchen beim *Grand Schlemm* im Mai am Ostseestrand kulinarisch verwöhnen → S. 27

INSIDER TIPP **Den „Amazonas des Nordens" entdecken**
Ob im Rahmen einer geführten Tour oder auf eigene Faust: Abenteuer und Naturerlebnis pur verspricht eine Paddelreise auf der Peene und ihren fast zugewachsenen Seitenarmen nahe Anklam (Foto o.) → S. 34

INSIDER TIPP **Verkehrte Welt**
Ein Einfamilienhaus steht in Trassenheide auf dem Kopf. Sie laufen auf den Zimmerdecken durch das zweistöckige Haus, in dem Sofa, Tisch, Stühle, also die gesamte Inneneinrichtung, an der Decke hängen (Foto re.) → S. 46

INSIDER TIPP **Pferdetheater**
Schöne Pferde, schöne Menschen, schöne Kleider, schöne Musik, schöne Show: bei dem Pferdespektakel in Bannemin bekommen Sie all das geboten → S. 48

INSIDER TIPP **Wasserspaß**
Für Kitesurfer ein Hochgenuss, wenn das kleine Brett abhebt und man bis zu 10 m hoch und 100 m weit springt. Das Einmaleins des Kitens lernen Sie in der Surfschule *Windsport* in Ückeritz → S. 49

INSIDER TIPP **Betörender Duft**
Ein Fest für die Sinne: Rund 3000 Rosenstöcke erblühen im Laufe des Jahres im Rosenhof Zinnowitz und erfreuen mit ihrem Duft und ihrer Farbenpracht → S. 51

INSIDER TIPP **Urlaub mit Arabella**
Keine Angst, Sie können getrost mit ihrer Liebsten den Urlaub verbringen. Denn Arabella ist eine Sau, die auf der ökologischen Ferienanlage Stolperhof glücklich ist → S. 73

INSIDER TIPP Thai-Garten

Alles original Thai im *Suan Thai:* Einrichtung, Geschirr, Zutaten und die Köche. Denen schauen Sie in der offenen Küche zu und genießen im Wintergarten-Restaurant in Ahlbeck die Atmosphäre Thailands → S. 56

INSIDER TIPP Rollend über die Insel

Bei *Segtouren Usedom* in Ahlbeck das Rollen auf dem Hightech-Roller Segway ausprobieren und dann mit dem futuristischen Gerät die Insel erkunden → S. 57

INSIDER TIPP Comeback eines Fisches

Unverdienterweise war er von den Speisekarten verschwunden; im *Fischkopp* in Bansin erlebt der schmackhafte Schnäpel seine Renaissance → S. 59

INSIDER TIPP Erfinder gesucht

Geniale und kuriose Erfindungen, die den Alltag erleichtern – zu sehen, anzufassen und auszuprobieren sind sie in der *Welt der Erfindungen* in Pudagla → S. 63

INSIDER TIPP Alles Käse ...

Im Achterland lebt Steffen Schultz auf einem alten Vierseithof seinen Traum. Der gelernte Käser stellt Rohmilchkäse nach Schweizer Rezepten her und lässt die Besucher an seiner Arbeit teilhaben → S. 72

INSIDER TIPP Sternstunden für Angler

Mit dem Touristenfischereischein auf Tour: Wer sich einem Guide anvertraut, der erlebt meist Sternstunden: kapitale Hechte und Dorsche an der Angel → S. 93

INSIDER TIPP Radeln, wo es beliebt

Praktisch, sorgenfrei und flexibel: irgendwo ein Fahrrad mieten, losradeln und das Rad an einem anderen Inselort wieder abgeben → S. 94

INSIDER TIPP Winterbadespektakel

Hartgesottene Wasserratten stürzen sich im Februar in Ahlbeck unerschrocken ins eisige Ostseewasser. Die originellsten Kostüme werden prämiert → S. 100

BEST OF ...

TOLLE ORTE ZUM NULLTARIF

Neues entdecken und den Geldbeutel schonen

SPAREN

● *Technik und Naturphänomene*

Warum nehmen Flugzeuge Anlauf? Wie schwer ist Luft? Können Bäume fliegen? Antworten auf diese und viele andere Fragen bekommen Sie und Ihre Kinder auf dem Gelände des *Aeronauticons* am Flughafen Anklam. Und das Beste daran: Der Eintritt ist frei! → S. 33

● *Skurrile Kunst*

Riesige Skulpturen aus Stahl und Holz bevölkern eine Wiese bei Katzow und machen sie zu einem kostenlosen Freilichtmusem moderner Kunst. Geschaffen haben die Werke Künstler aus Japan, England, Ungarn, Schweden, den USA, Norwegen und Lettland → S. 37

● *Faszinierender Blick hinter die Kulissen*

Möchten Sie etwas über den Peenemünder Haken wissen? Interessiert es Sie, wie eine Bio-Kläranlage arbeitet und wie ein Fischotter aussieht? *Im Naturschutzzentrum in Karlshagen* – Eintritt frei! – werden auf diese und viele andere Fragen Antworten gegeben → S. 39

● *Die Fremden von Usedom*

Die rund 140 riesigen Felsbrocken im *Usedomer Gesteinsgarten* bei Ückeritz sind Fremde in der Usedomer Landschaft, angereist aus Skandinavien. Die Gletscher der Eiszeit haben sie vor rund 100 000 Jahren hierher geschoben (Foto) → S. 49

● *Panoramasicht*

Das Thurbruch, den Gothensee und den Kaffeeberg im polnischen Misdroy kostenlos aus der Höhe betrachten? Dann steigen Sie auf den hölzernen *Aussichtsturm* auf dem Kückelsberg zwischen Benz und Reetzow und genießen den weiten Blick → S. 62

● *Livejazz zum Nulltarif*

Kehren Sie in Swinemünde abends im *Centrala* ein, wo sich die Künstlerszene trifft und häufig Jazzer live Musik machen. Und das bei freiem Eintritt – nur für Essen und Trinken müssen Sie natürlich bezahlen → S. 84

●●●● Diese Punkte zeichnen in den folgenden Kapiteln die Best-of-Hinweise aus

TYPISCH USEDOM

Das erleben Sie nur hier

● *Puderzuckersand*
Ein 42 km langer, breiter Sandstrand, fein wie Puderzucker, zieht sich an der Küste entlang. Wer Trubel sucht, legt sich in den Sand der großen Seebäder, Ruhe und Einsamkeit finden Sie außerhalb, z. B. zwischen Karlshagen und Peenemünde → S. 39

● *Vineta-Festspiele*
Die sagenumwobene versunkene Stadt Vineta steigt im Sommer vom Meeresgrund auf die Zinnowitzer Freilichtbühne. Zu sehen ist ein multimediales Theaterspektakel mit Liebe, Leidenschaft und Pyrotechnik → S. 53

● *Seebrücken-Hopping*
Für Städter immer wieder ein Erlebnis: an Bord eines Schiffes über die Ostseewellen schaukeln. Zumindest ein Seebrücken-Hopping sollte auf dem Urlaubsplan stehen: von Bansin nach Heringsdorf und weiter bis Ahlbeck oder Swinemünde → S. 60

● *Weiße Pracht*
Antikisierende Säulen, Türmchen, Erker, ein wenig Klassizismus oder Jugendstil – fertig ist die Bäderarchitektur. In Heringsdorf müssen Sie nicht suchen, das Seebad ist voller solcher Bauten (Foto) → S. 65

● *Geschichte erleben*
In Peenemünde entstand die erste ins All geschossene Rakete der Welt, die zugleich eine der grausamsten Waffen des Zweiten Weltkriegs war. Das *Historisch-Technische Museum* vermittelt viel Wissenswertes über die Entwicklung der Raketentechnik → S. 45

● *Über dem Meer flanieren*
Auf der Ahlbecker Seebrücke über den Ostseewellen flanieren, sich ans Geländer lehnen, aufs Meer schauen und die blinkenden Grüße der Leuchttürme von Swinemünde und der Greifswalder Oie entgegennehmen. Einfach schön! → S. 55

● *Unberührte Natur*
Heckenrosen blühen, der Bärlauch duftet, Uferschwalben flattern umher, umgestürzte Bäume sind von Moos überzogen. Auf der Greifswalder Oie können Sie die Natur noch ursprünglich erleben → S. 75

TYPISCH

BEST OF ...

SCHÖN, AUCH WENN ES REGNET

Aktivitäten, die Laune machen

REGEN

● ***Phänomenen auf der Spur***

Versuchen Sie, die ca. 200 naturwissenschaftlichen und physikalischen Phänomene zu ergründen: Passe ich in eine Seifenblase? Kann ich einen Trabi mit einem Arm hochheben? Vor lauter Staunen vergeht der Regentag in der *Phänomenta* Peenemünde wie im Flug → S. 45

● ***Kurztrip in die Tropen***

Sturm und Regen sind auf der *Schmetterlingsfarm* in Trassenheide vergessen. Inmitten von Bambus, Kaffeesträuchern und Bananenstauden flattern Hunderte von Schmetterlingen (Foto) → S. 46

● ***Entdeckungen mit der Bäderbahn***

Mit den stromlinienförmigen, modernisierten Wagen der Bäderbahn verschaffen Sie sich regensicher einen ersten Eindruck. Sie verbindet alle Seebäder der Insel → S. 13

● ***Trockenen Fußes auf den Meeresgrund***

Trockenen Fußes in Neptuns Reich: An der Zinnowitzer Seebrücke taucht eine gewaltige Glasgondel in die Tiefe. Zum Erlebnis gehören spannende Erklärungen und ein 3-D-Film über die Ostseefauna → S. 51

● ***365 Tage Sommer***

Ob's regnet oder schneit, in der *Ostseetherme* zwischen Heringsdorf und Ahlbeck haben Sie 365 Tage im Jahr Sommer. Tauchen Sie ein ins warme Thermalwasser. Massagedüsen, Nackenfontänen und Grottenduschen verstärken das Wohlgefühl → S. 57

● ***100 berühmte Wachsnasen***

Stars im Wachsfigurenkabinett von Misdroy: Reiche, Schöne und Berühmte, von Kleopatra bis Schwarzenegger. Unaufhörlich klicken die Fotoapparate, ältere Besucher lassen sich gern mit dem Papst fotografieren, jüngere mit Harry Potter → S. 85

ENTSPANNT ZURÜCKLEHNEN

Durchatmen, genießen und verwöhnen lassen

ENTSPANNT

Musikalische Entdeckungsreise

Von Klassik über Folklore bis Jazz reicht das Programm des *Usedomer Musikfestivals.* Geben Sie sich dem Musikgenuss an ungewöhnlichen Orten hin: in Kirchen, auf Schiffen, in Industrieanlagen → S. 101

Mit 1 PS zum Ostseestrand

Entspannung pur: Usedoms Landschaft auf dem Pferderücken genießen. Bei einem Ausritt zum Strand vom *Friesenhof* in Trassenheide nur dem Hufschlag und dem Schnauben des Pferdes lauschen → S. 47

Fahrt ins Blaue

Einen Tag so richtig faulenzen: Packen Sie einen Picknickkorb, mieten Sie in Loddin ein Ruderboot, und lassen Sie sich auf dem Achterwasser treiben, allein mit Schwänen, Enten und kreischenden Möwen → S. 44

Wohlfühl-Oase

Fühlen Sie sich in der orientalischen Wellnessoase *Shehrazade* in Heringsdorf wie in 1001 Nacht. Genießen Sie Unterwassermusik, Amethystensauna, Tepidarium und Osmanisches Dampfbad → S. 67

Logenblick aufs Meer

Mit dem Fahrstuhl in den lichtdurchfluteten Wintergarten des *Maritim-Hotels Kaiserhof* in Heringsdorf fahren und dort in die dicken Polster sinken. Ein Getränk vor sich, ein Buch in der Hand ... (Foto) → S. 67

Sternenhimmel am Tag

Nehmen Sie auf einer Bank der Dorfkirche von Benz Platz, schauen Sie hoch zum Deckengewölbe, wo 135 Sternenbilder in Gold, Weiß und Blau leuchten, genießen Sie die Ruhe, und träumen Sie vor sich hin → S. 62

Ohrenschmaus in St. Petri

Wenn zu den „Wolgaster Sommermusiken" in der St. Petri-Kirche die Sauer-Orgel erklingt, Sie die Augen schließen und dem Brausen des Instruments lauschen, sind die Alltagsprobleme wie weggeblasen → S. 36

AUFTAKT

ENTDECKEN SIE USEDOM!

Trubel am Strand oder Einsamkeit im Hinterland, Baden in der Ostsee oder Wandern um einen Binnensee – Usedom ist voller Naturschönheiten und so kontrastreich, dass die Langeweile zu Hause bleiben wird. Dicht drängen sich an der Ostseeküste die Badeorte mit bis zu 70 m breiten Puderzuckerstränden, darunter so traditionsreiche wie Ahlbeck, Bansin, Heringsdorf und Zinnowitz. Nur einige Hundert Meter vom Trubel entfernt dösen kleine Dörfer vor sich hin – mit sandigen Wegen, blumengeschmückten Vorgärten, rohrgedeckten, weißen Häuschen.

Usedom vereint auf 445 km² alle landschaftlichen Besonderheiten der Ostseeküste: flache Dünen, Steilufer und einen 42 km langen, weißen Sandstrand, dazu leicht gewelltes Hinterland mit Wäldern, Wiesen, Äckern, Boddengewässern und Binnenseen. Zum Wahrzeichen der Insel wurde das Seebrückengebäude mit seinen vier grünen Türmchen in Ahlbeck, das einzige historische, das an der Ostseeküste erhalten geblieben ist. Viktor von Bülow, der berühmte Loriot, machte es 1990 bundesweit bekannt: Er wählte es für das finale Familienessen in seinem Film „Papa ante Portas" aus.

Bild: Seebrücke Koserow

Verspielt und herrschaftlich zugleich: Bäderarchitektur in Zinnowitz

Nicht zu vergessen: Meteorologen haben anhand ihrer Aufzeichnungen der letzten 30 Jahre ermittelt, dass Usedom die sonnenreichste Ferienregion Deutschlands ist. 1906 Sonnenstunden hat die Insel im Jahresdurchschnitt.

Vor allem ab 1890 schossen auf der Insel Pensionen und Hotels aus dem Boden. Sie bekamen Türmchen, Säulen, Erker und verzierte Loggien, alle Stilrichtungen wurden kopiert: Antike und Klassizismus, Alpenland und Brighton. Bäderarchitektur wird dieser unbekümmerte Stilmix genannt, der den Badeorten Usedoms bis heute ein eigenes, unverwechselbares Gesicht gibt – auch dem im polnischen Teil liegenden Swinemünde. Denn nach dem Zweiten Weltkrieg ist Deutschland ein Stück Usedom

Um 600
Slawische Stämme besiedeln die Insel

1128
Beginn der Christianisierung

1648
Ende des Dreißigjährigen Krieges, im Westfälischen Frieden wird Vorpommern mit Usedom Schweden zugesprochen

1720
Teilung von Vorpommern am Ende des Nordischen Krieges, Usedom fällt an Brandenburg-Preußen

1945
Der Ostteil der Insel (Swinemünde) wird auf der Potsdamer Konferenz Polen zugesprochen, der größere Teil verbleibt bei Deutschland

abhanden gekommen. Die Alliierten sprachen die Odermündung einschließlich Swinemünde Polen zu.

Zum Gesicht der Seebäder gehören auch die Seebrücken. Entstanden waren sie in den Jahren, als die Gäste noch auf dem Wasserweg in die Badeorte gebracht wurden, weil es keine Eisenbahn und nur schlechte Straßen gab. Später avancierten sie zu Flaniermeilen. Sehen und gesehen werden! Das war so in den Jahren, als Kaiser Wilhelm II. mehrere Jahre die Konsulswitwe Elisabeth Staudt in Heringsdorf zum Tee besuchte, und daran hat sich bis heute nichts geändert. Was Rang und Namen oder Geld hatte, steht in den Gästelisten von Deutschlands zweitgrößter Insel: Könige und Kaiser, Minister und Generäle, Wissenschaftler und Künstler. Bis zum Zweiten Weltkrieg reisten die wohlhabenden Berliner scharenweise mit der Eisenbahn an, was zum Spitznamen „Badewanne der Berliner" führte. Später übernahmen die Sachsen das Ferienregime, das heute wieder die Berliner innehaben. Die Sachsen belegen aber immerhin noch Platz 2, gefolgt von den Gästen aus Brandenburg, Niedersachsen und Nordrhein-Westfalen. Alle pilgern sie zu den Seebrücken, auf denen man so schön über den Ostseewellen spazieren kann. Die schönste Seebrücke mit verschnörkelten Aufbauten besaß Heringsdorf. Im strengen Winter 1941/42 zerstörten fast überall Eisschollen die hölzernen Bauwerke. Zu DDR-Zeiten waren Schiffspartien auf der Ostsee untersagt, also brauchte man keine Seebrücken. Nach der Einheit, als es Fördermittel für den Neubau gab, erlebten die Seebrücken ihre Renaissance. Zinnowitz, Koserow und Bansin legten sich wieder eine zu, das Seebrückengebäude in Ahlbeck bekam seinen Landungssteg zurück. In Heringsdorf bauten private Investoren eine Brücke, die die modernste und mit 508 m auch die längste bewirtschaftete in Kontinentaleuropa ist.

Über den Ostseewellen flanieren

Alle Seebäder verbindet die ● Usedomer Bäderbahn, sie fährt auch nach Peenemünde und Wolgast, seit 2008 kennt sie keine Grenze mehr. Die Gleise wurden bis ins Zentrum von Swinemünde verlängert. Die stromlinienförmigen blau-weißen Wagen, klimatisiert und fast geräuschlos fahrend, bieten eine echte Alternative zum Auto. Auch Ihr Fahrrad können Sie in der Bäderbahn mitnehmen. Bauherren werden auf Usedom oft Zügel angelegt, sie dürfen nur so bauen, wie es die Gemeindevertreter

1953 Unter dem Tarnnamen „Aktion Rose" werden unter Vorwänden viele Hotel- und Pensionsbesitzer verhaftet und später enteignet

1990 3. Oktober: Beitritt der DDR zur Bundesrepublik Deutschland, Usedom gehört zum wieder gebildeten Bundesland Mecklenburg-Vorpommern

1994 Erstes Usedomer Musikfestival

1997 Start der Vineta-Festspiele

2000 Usedom wird nach 55 Jahren Unterbrechung wieder

zulassen. Doch zwei Baumeister scheren sich nicht um Gesetze und Genehmigungen, sie modellieren seit Jahrtausenden ungefragt die Küste: Sturm und Wasser. Unablässig nagen beide an den Steilküsten und brechen immer wieder große Teile heraus, die das Meer fortträgt. Am Langen Berg bei Bansin wurde 1878 ein hölzerner Aussichtsturm errichtet, der rund 40 m vom Steilhang entfernt stand. Schon vor Jahrzehnten ist sein Betonfundament in die Tiefe gestürzt. Auch ohne Turm beeindruckt die Aussicht vom Langen Berg, doch schöner sind die Blicke von den zahlreichen Hügeln – die Usedomer sprechen von „Bergen" – im Hinterland, auf dem Gnitz, der Halbinsel Wolgaster Ort oder in der Usedomer Schweiz, wo die Uhren scheinbar anders ticken. Stets werden Sie irgendwo Wasser erblicken, denn mehr als ein Dutzend Seen liegen in die Landschaft gebettet, schilfbewachsen die einen, mit Badestränden die anderen.

Zwischen Meeresküste und Achterwasser

Das leicht gewellte, beschauliche Hinterland hält zu allen Jahreszeiten schöne Ansichten bereit. Im Frühjahr blühen auf der Halbinsel Gnitz Felder von saftigen Sumpfdotterblumen, im Mai und Juni leuchten im Usedomer Winkel die gelben Rapsfelder, und einige Monate später hängen im Lieper Winkel die Sträucher voller Brombeeren, zeigen sich die Buchenwälder in prächtigen Farben. Hier haben Graureiher, Kranich, Fischadler, Weißstorch und Fischotter ihr Zuhause. Typisch für Usedom sind auch die Alleen: „Grüne Tunnel" werden die baumbestandenen Straßen genannt, weil die Kronen der Bäume sie fast undurchdringlich überspannen. Vor reichlich 200 Jahren pflanzte man die Linden, Kastanien und Apfelbäume, damit sie bei Dunkelheit und im Winter bei Schnee die unbefestigten Wege markierten, im Sommer sollten sie mit ihren belaubten Kronen Schatten spenden und marschierende Soldaten verbergen. Heute werden die Alleen gehegt und gepflegt, nicht nur, weil sie ein Identitätszeichen des Bundeslandes Mecklenburg-Vorpommern sind, sondern auch aus ökologischen Gründen: Ein Alleebaum produziert täglich den Sauerstoff für zehn Menschen und filtert bis zu eine Tonne Staub aus der Luft.

Usedoms Geschichte war zu allen Zeiten bewegt. Zu ihr gehört der legendäre Pirat Klaus Störtebeker, der hier einen Schlupfwinkel besessen haben soll, ebenso wie die gotteslästerliche Gold- und Silberstadt Vineta, die angeblich vor der Küste Kose-

ans Bahnnetz des Festlands angeschlossen

2004 Polen wird Mitglied der EU

2005 Die Ostseeautobahn wird fertiggestellt und ermöglicht eine zügigere Anreise nach Usedom

2007 Nach 62 Jahren fallen die Grenzkontrollen weg, Polen wird in den Schengen-Bereich aufgenommen

2008 Die Usedomer Bäderbahn wird bis ins Zentrum von Swinemünde (Polen) verlängert

Rohrgedeckt und farbenfroh: Fischerhaus in Warthe

Usedoms wechselvolle Geschichte

rows unterging. Auf Usedom liegt auch Peenemünde, heute einer der historisch problematischsten Orte in Deutschland. Denn hier, im Norden Usedoms, ließen die Nazis die erste automatisch gesteuerte Flüssigkeitsgroßrakete der Welt entwickeln, die in Westeuropa unermessliche Schäden anrichtete. Die V 2 war aber auch die erste Rakete, die die Atmosphäre durchstieß und somit das Tor zum Weltraum öffnete. Peenemünde gilt deshalb als der Geburtsort der Raumfahrt. Die Raketenbauer hatten seinerzeit nicht nur Peenemünde für die Öffentlichkeit gesperrt, sie riegelten auch den ganzen Nordteil der Insel ab und sperrten ferner die vorgelagerten kleinen Inseln Ruden und Greifswalder Oie für den Ausflugsverkehr. Auch zu DDR-Zeiten blieben die Inseln Touristen verschlossen. Seit der Einheit lassen sich Besucher wieder von Fahrgastschiffen auf den Ostseewellen zu den beiden kleinen Schwestern Usedoms tragen.

Ob Sie Ruhe und Beschaulichkeit genießen oder lieber sportlich aktiv sein wollen, Usedom bietet jedem etwas: breite Sandstrände mit quirligem Leben, Seebäder, die noch viele Bilder wie aus Kaisers Familienalbum bereithalten, verträumte Winkel mit knarrenden Windmühlen und Natur pur im Achterland. Dazu kommen sportliche Angebote und eine vielfältige Kulturszene mit Festen und Museen. Mehr als 60 Jahre lang verwehrte Stacheldraht den Strand- oder Waldspaziergang vom deutschen Ahlbeck ins polnische Swinemünde. Mit der Aufnahme Polens in die EU ist die Grenzregion weiter zusammengewachsen. Usedom zählt wieder zu den Top-Ferienregionen.

IM TREND

1 Open-Air-Kinos

Zurück in die Vergangenheit Wie eine kleine Zeitreise mutet der Besuch eines Autokinos an. Auf Usedom sind die Retro-Kinos Trend. Die Rückenlehnen zurückstellen und die Liebste beim Flimmern der Leinwand in den Arm nehmen können Sie im Autokino in Koserow *(an der B 111)* oder im *Autokino Ahlbeck (östlich von Ahlbeck, www.drei-kaiserbaeder.de)*. Im *Sommerkino Zempin* kommen Filmfans auch ohne fahrbaren Untersatz auf ihre Kosten *(Strandstr. 22, Zempin)*. Noch mehr Open-Air-Kinos gibt es unter *www.insel-kinos.de.*

2 Ganz natürlich

Aus der Region Im Restaurant *1900* gibt es Zander, wie ihn früher die Fischer aßen – auf Stroh oder Kidasch *(Grenzstr. 1, Heringsdorf, www.aurelia.net)*. Eine traditionelle Bioküche wird im *Gutshaus Neuendorf* von 1820 serviert *(Dorfstr. 1, Lütow, www.gutshausneuendorf-usedom.de, Foto)*. Im *Kräutergarten Pommerland* können Sie nicht nur regionale Kräutertees erstehen, Sie können Ihre Sinne auch im Kräuter- und Tastgarten schärfen *(Feldstr. 5, Lassan, www.kraeutergarten-pommerland.de)*.

3 Schön & langsam

Segeln Wie Annodazumal bewegt man sich auf der Ostsee fort. Die „Weiße Düne" stammt aus dem Jahr 1909 und ist ein stattlicher Segelschoner *(www.weisse-duene.com)*. Oder Sie stechen mit der „Ernestine" in See. Das können Sie auf dem Schiff aus dem Jahr 1899 sogar bei Mondschein tun. Sehr romantisch *(Am See 1, Jasedow, www.ernestine-segeln.de, Foto)*! Bei *Törnmeon* lernen Segelschüler vorab das Handwerkszeug *(Krummin, www.toernmeon.info)*.

Auf Usedom gibt es viel Neues zu entdecken. Das Spannendste auf dieser Seite

Abtauchen an der Ostsee

4

Down under Wracks und Baggerseen, Fische und Kiesgruben – in und rund um die Ostsee gibt es für Taucher einiges zu entdecken. Anfänger lernen in Baggerseen zwischen Sauzin und Neeberg das nötige Know-how. Vom See geht es mit der *Tauchschule vom Sportstrand Zinnowitz* ins Meer *(unterhalb des Hotel Baltic, www.sportstrand-zinnowitz.de)*. Versierte Taucher wenden sich an *Green Sea Diver Usedom*. Hier steht Winterwrack- oder Kiesgrubentauchen auf dem Programm *(Ahlbecker Str. 21, Zinnowitz, www.green-sea-diver.de, Foto)*. Die Tauchprofis von *Schöne Freizeit* bieten sowohl Kurse für Einsteiger an als auch Nitrox- und Tieftauchen für brevierte Taucher *(www.schoenefreizeit.com)*.

Umgerüstet

5

Alter Charme und neuer Glanz Nicht alt, sondern historisch. So sehen die Usedomer viele ihrer alten Gemäuer. Statt die unnötig gewordenen Gebäude verfallen zu lassen, bekommen sie einfach einen neuen Zweck. Wo früher Getreide gelagert wurde, können heute Gäste schlafen. In den kleinen Kampschespeicher in Wolgast ist eine Pension eingezogen *(Hafenstr. 4, www.speicher-wolgast.de)*. Der *Lotsenturm Karnin* weist niemandem mehr den Weg. Stattdessen ist der Turm nun das „kleinste Designhotel der Welt". Platz für zwei Gäste und einen Blick auf das Stettiner Haff bietet er *(Dorfstr. 28b, Karnin, www.lotsenturm-usedom.de, Foto)*. Im Schloss Pudagla weht ebenfalls ein frischer Wind. Das 1574 von Herzog Ernst Ludwig von Pommern-Wolgast erbaute Schloss ist heute für seine herzhaften Speisen bekannt. In das Gemäuser ist ein Restaurant gezogen *(Schlossstr. 8, Pudagla, www.schlosspudagla.cms4people.de)*.

STICHWORTE

BERNSTEIN

„Gold des Nordens" wird der Bernstein genannt, Stürme tragen ihn im Seetang an Usedoms Küste. Die kleinen, weingelben bis rötlichen Steine haben ein Alter von etwa 40 Mio. Jahren; sie entstanden aus dem erhärteten Harz vorzeitlicher Nadelbäume. Bernstein lässt sich bohren, sägen, schleifen und brennt mit heller, stark rußender Flamme und angenehmem Geruch. Daher stammt auch der Name, der sich von *bernen,* mundartlich für brennen, ableitet. In Bernsteinstücken sind oft Pflanzenreste wie z. B. Tannennadeln oder Fliegen, Mücken und Käfer eingeschlossen, Inklusen genannt. Durch diese Einschlüsse wissen wir, welche Insektenarten vor Millionen Jahren im Fundgebiet lebten.

BERNSTEINHEXE

Das Buch gehört zum Standardsortiment jeder Usedomer Buchhandlung: „Die Bernsteinhexe Maria Schweidler" mit dem etwas umständlichen Untertitel „Der interessanteste aller bisherigen Hexenprozesse. Nach einer defekten Handschrift ihres Vaters, des Pfarrers Abraham Schweidler in Coserow auf Usedom". Wilhelm Meinhold gab das Buch 1843 heraus. In ihm schilderte er das Schicksal der Pfarrerstochter Maria Schweidler, die den am Strand von Koserow gefundenen Bernstein heimlich verkaufte und so der Familie aus der Hungersnot half. Da sie ihr Geheimnis nicht preisgab, geriet sie in den Ruf, eine Hexe zu sein, und wurde zum Tod auf dem Scheiterhaufen verurteilt. Mein-

Bild: Landschaft am Schmollensee

Von Menschen und Tieren, Strandkörben und Salzhütten und allerlei Schätzen über und unter dem Meeresspiegel

hold, damals Pfarrer im Usedomer Dorf Krummin, behauptete, das Manuskript habe er im Chorgestühl der Koserower Kirche entdeckt. Ein solches Manuskript gab es aber nicht, der Herr Pfarrer hatte sich die Geschichte ausgedacht, um das Hexenwesen anzuprangern. Der Roman wurde in Pommern ein Bestseller, denn er stellte die Verhältnisse auf Usedom während des Dreißigjährigen Krieges glaubhaft dar, und die damalige Sprache war täuschend echt nachgemacht. Als Meinhold seinen Schwindel gestand, erntete er Schimpf und Schande, die Kirchenleitung versetzte ihn zunächst nach Hinterpommern und schließlich in den Ruhestand, 1851 verstarb er in Berlin. Sein Lügen-Buch aber lebt weiter.

BLAUE FLAGGEN

Auf Usedom wehen blaue Flaggen. Sie sind das sichtbare Zeichen für gute Wasserqualität und saubere Strände. Zinnowitz, Heringsdorf, Bansin und Ahlbeck sowie der Yacht- und Fischereihafen Karlshagen scheinen ein Abonnement auf die begehrte Auszeichnung zu haben, die ungetrübtes Urlaubsvergnügen verspricht. Das Umweltsymbol muss jedes Jahr neu erkämpft werden, Kriterien sind

Nesthocker: Familie Storch

ausreichende und saubere sanitäre Einrichtungen, eine gute Abfallentsorgung und die 14-tägige mikrobiologische und physikalisch-chemische Überprüfung des Badewassers. Bei den Häfen wird besonders auf die ordnungsgemäße Entsorgung von Altöl und Müll Wert gelegt. Weltweit werden von der *Foundation for Environmental Education* jedes Jahr fast 4000 Blaue Flaggen in etwa 40 Ländern vergeben.

BRAUN, VON

Der Physiker Wernher Freiherr von Braun (1912–77) hatte als Raketenforscher maßgeblichen Anteil an der Entwicklung der modernen Raumfahrt. 1937 setzten ihn die Nationalsozialisten als technischen Direktor der Heeresversuchsanstalt Peenemünde ein. Unter von Brauns Leitung wurde die erste moderne Großrakete der Welt, die V 2, entwickelt und erprobt. Der Wissenschaftler war Mitglied der NSDAP und SS, Hitler selbst ernannte ihn zum Professor. Als von Braun nach dem Zweiten Weltkrieg in die USA übersiedelte, folgten ihm über hundert Mitarbeiter. Er war verantwortlich für Bau und Start des ersten amerikanischen Erdsatelliten und der Saturn-Raketen.

FAUNA

In der Ostsee werden vor allem Dorsch, Flunder und Hering gefangen, in den Boddengewässern Hecht, Barsch, Aal und Zander. Am Strand liegen die gerippten Herzmuscheln, die rosafarbenen Baltischen Plattmuscheln und die ovalen Sandklaffmuscheln. Charakteristischer Vogel der Küste ist die Möwe, am häufigsten kommt die Lachmöwe vor, die ihr Nest in Kolonien am Boden baut und von Insekten, Wirbellosen, Fisch und Abfall lebt. Mehr als ein Dutzend Seeadlerpaare haben auf Usedom ihre Horste, zahlreiche Weißstörche nisten auf der Insel. Rehe, Rotwild, Damwild und Wildschweine sind in Usedoms Wäldern zu Hause.

FISCHOTTER

Der vom Aussterben bedrohte Fischotter hat auf Usedom noch sein Zuhause. Jahrhunderte wurden die Otter ihres dichten Pelzes wegen unbarmherzig gejagt. Touristen bekommen die possierlichen Tiere jedoch kaum zu sehen, denn sie sind nachtaktiv, sehr scheu und äußerst schnell. Dort, wo die Tiere Straßen überqueren, fordern Verkehrsschilder dazu auf, zwischen 21 und 6 Uhr die Geschwindigkeit zu drosseln.

FLORA

Seit 1999 haben große Teile Usedoms den Status eines Naturparks. Das geschützte Gebiet ist 720 km² groß. Überwiegend Kiefern, Erlen, Buchen, Birken und Fichten wachsen auf Usedom. Blau- und Preiselbeerensammler schwärmen von der oft reichlichen Ernte. Stieleichen-Birkenwälder stehen im Gebiet Peenemünde, Mölschow und Lütow. Auf den feuchten Böden um den Gothensee, den Schmollensee und den Kachliner See wachsen Erlen und Eschen. Die Dünen der Außenküste sind vorwiegend mit Strandhafer befestigt. Auf der Greifswalder Oie wird die Stranddistel oft meterhoch, unübersehbar sind ihre metallisch glänzenden Blätter und die stahlblauen Blüten im Hochsommer.

LILIENTHAL

Der Anklamer Otto Lilienthal (1848 bis 1896) entwickelte mit seinem „Segelapparat" das erste flugfähige Gleitflugzeug und damit das erste Flugzeug der Welt. In seiner Geburtsstadt erinnern an den Flugpionier ein Museum, ein Denkmal am Rand des Marktplatzes, das Relief in der Rathaushalle, die Büste an der Stelle des nicht mehr vorhandenen Geburtshauses in der Peenstraße und der seinen Namen tragende Flugplatz im Süden der Stadt. Otto Lilienthal war als Flugzeugkonstrukteur zugleich sein eigener Testpilot. 1891 gelangen ihm die ersten Sprünge von bis zu 15 m Weite, fünf Jahre später verunglückte er bei einem Routineflug in den Rhinower Bergen in der Mark Brandenburg tödlich.

ÖKOLOGIE

Regelmäßig entnommene Wasserproben belegen: An der Ostseeküste von Usedom ist die Wasserqualität sehr gut. Entscheidend dazu beigetragen hat die Swinemünder Kläranlage, die 1997 als eine der seinerzeit modernsten Europas

BÜCHER & FILME

▶ **Die Insel** – Was der auf Usedom lebende Maler Matthias Wegehaupt zu DDR-Zeiten von 1970 bis 1989 im Geheimen aufschrieb, versteckte er unter den Bodendielen seines Ateliers. Jetzt liegen die Aufzeichnungen als Roman vor.

▶ **Gebrauchsanweisung für Mecklenburg-Vorpommern und die Ostseebäder** – Kurzweilig und prägnant: Die gebürtige Stralsunderin Ariane Grundies ergründet mit Witz und Ironie die Seele des nördlichen Bundeslandes.

▶ **Jagd auf den Inselmörder/Der Drachen des Todes/Insel der tausend Puppen** – Gleich drei Fälle hat Hauptkommissar Lasse Larsson aufzuklären. Der Autor George Tenner lässt seine spannenden Kriminalfälle auf der Insel Usedom spielen. Fans folgen dem Ermittler und dem Autor zu dessen Rechercheorten auf *www.lasse-larsson.de.*

▶ **Rendezvous mit Usedom** – Ein unterhaltsamer Streifzug über die Insel Usedom: Geschichten und Geschichtchen aus dem alltäglichen Innenleben der Insel Usedom, von bekannten und weniger bekannten Inselkindern, vom Gestern und Heute, mit Witz und Ironie erzählt von George Tenner.

▶ **The Ghostwriter** – Meisterregisseur Roman Polanski drehte seinen preisgekrönten spannungsreichen Politthriller (2010) nach Robert Harris Bestseller „Ghost" zu großen Teilen auf der Insel Usedom. In den Hauptrollen Ex-007 Pierce Brosnan und Ewan McGregor.

fertig gestellt wurde. Die von Deutschland mitfinanzierte Anlage wird nicht nur von der polnischen Stadt Swinemünde genutzt, sondern auch von Orten im deutschen Inselteil. Ungeklärte Abwässer gelangen hier also nicht mehr ins Meer. Da das aber noch nicht überall an der Küste so ist, gehört die Ostsee weiterhin zu den besonders gefährdeten Meeren, weil sie nur durch drei schmale Stellen frisches Salzwasser erhält.

SALZHÜTTEN

Nach 1820 förderte der preußische Staat die Strandfischerei, indem die Fischer steuerfreies Salz für die Konservierung der Fische erhielten. Um das Salz unter Verschluss lagern zu können, bauten sie kleine, in Fachwerk oder aus Backstein errichtete Häuser, doch die großen Sturmfluten von 1872 und 1874 zerstörten sie. Die Salzhütten wurden wieder auf- und ausgebaut, doch nutzten die Fischer sie jetzt meist als Arbeitsraum. Bei der Koserower Seebrücke, aber auch in den Dünen von Zempin stehen noch eingeschossige, rohrgedeckte Salzhütten. Die in Koserow werden heute als Gaststätte, Museum und Souvenirgeschäft genutzt.

SEENOTRETTUNG

Zu bis zu 400 Einsätzen im Jahr laufen die Seenotkreuzer aus, die entlang der Ostseeküste Mecklenburg-Vorpommerns stationiert sind. Die Rettung von Menschen aus Seenot obliegt der in Bremen ansässigen Deutschen Gesellschaft zur Rettung Schiffbrüchiger. Gegründet wurde die DGzRS am 29. Mai 1865 in Kiel. An der Ostseeküste von Mecklenburg-Vorpommern unterhält sie heute elf Stationen. Seenotkreuzer liegen u. a. am Ufer der kleinen Insel Greifswalder Oie zwischen Usedom und Rügen sowie am Alten Strom in Warnemünde. Schirmherr des deutschen Seenotrettungswerks ist der Bundespräsident.

STRANDKORB

Tausende dieser „Strandmöbel" werden im Mai am Strand von Usedom aufgestellt und im Oktober wieder in den Lagerräumen verstaut. „Erfunden" wurde der Strandkorb 1882 in Rostock von Hofkorb-machermeister Wilhelm Bartelmann, der einer älteren, rheumakranken Dame einen mit Markisenstoff überdachten Rohrstuhl als Windschutz baute. Am 14. Juni 1883 ließ Bartelmann im „Allgemeinen Rostocker Anzeiger" jene Annonce veröffentlichen, mit der der Siegeszug des Strandkorbs begann: „Badegästen empfiehlt Strandstühle als Schutz gegen Sonne und Wind ..." 1925 nahm in Heringsdorf eine Strandkorbfabrik die Produktion auf, 1992 wurde das zu DDR-Zeiten als „volkseigen" geführte Unternehmen wieder privatisiert. Hier werden Strandkörbe noch in traditioneller Handarbeit gefertigt. Eine kleine Auswahl ist in der Verkaufsstelle in der Heringsdorfer Brunnenstraße Nr. 10 zu sehen. Zu Weltruhm kam der Strandkorb im Jahr 2007. In dem eigens für den G8-Gipfel in Heiligendamm gefertigten XXL-Strandkorb nahmen die Regierungschefs der führenden Industriestaaten Platz. Das Bild ging um den Erdball.

VINETA

Die nordvorpommersche Stadt Barth ließ sich 1998 den Namen Vineta beim Deutschen Patentamt als Markenzeichen schützen. Die Wogen schlugen daraufhin hoch, denn bislang hatten die Usedomer Orte Zinnowitz und Koserow von der Vineta-Legende profitiert. Die zerstörten zwei Berliner Historiker mit der These, die angeblich größte Ostseestadt habe im Barther Bodden gelegen. Über Vineta gibt es mehr Vermutungen als gesicherte Beweise. Das Atlantis Pommerns soll eine sagenhaft reiche Stadt gewesen sein, doch waren ihre Bewohner so hochmütig, dass Gott die Stadt im Meer versenkte. So will es eine Legende. Eine andere besagt, der Reichtum von Vineta habe zu Hass und Neid geführt, sodass man Schweden und Dänen zu Hilfe gerufen habe. Beide seien gekommen, hätten gute Beute gemacht und die Stadt schließlich zerstört. Vor dem Streckelsberg, dort, wo das Vineta-Riff das Meer aufschäumen lässt, habe sich Vineta befunden. Das meinen zumindest die Usedomer. Polnische Wissenschaftler wollen durch Grabungen ermittelt haben, dass das heute unscheinbare Wollin mit der sagenhaften Handelsstadt identisch ist und von den Dänen 1184 zerstört wurde. Wo es tatsächlich gelegen hat – so wird gescherzt –, werden wir wohl erst wissen, wenn Archäologen stolz das Ortsschild präsentieren.

WALDAKTIE

Auf Usedom haben Aktionäre eine zwei Hektar große Fläche südlich der B 111 bei Koserow bepflanzt, ein weiterer „Aktienwald" entsteht nördlich der B 111. Mit nur 10 Euro ist man dabei, denn so viel kostet eine Aktie. Dem Käufer garantiert man eine gesicherte, wachsende Dividende und hundert Jahre lang eine tägliche Ausschüttung. Mit der Aktie erwirbt man symbolisch einen Baum, den man selbst pflanzen darf. Die Aufforstung und Pflege von 10 m² Wald kosten 10 Euro, soviel wie die Aktie, die man über die Website *www.waldaktie.de* erwirbt und mit der man einen persönlichen Beitrag zum Klimaschutz leistet. Auf Kleingedrucktes muss man nicht achten, denn es handelt sich um keine Aktie im Sinne des Aktionärsrechts. Das gegebene Versprechen: Der Baum wächst täglich und das hundert Jahre lang. Dann ist er altersschwach und muss gefällt werden.

Im Strandkorb die Seele baumeln lassen

ESSEN & TRINKEN

Die Küche der Küste, auch die von Usedom, gilt als deftig und einfach: bodenständige Hausmannskost, die auf Rafinesse verzichtet.

In der Vergangenheit musste eine Mahlzeit lange vorhalten, auch konnten sich die Fischer und Landarbeiter keine kulinarischen Köstlichkeiten leisten. Auf den Tisch kam, was vor der Haustür wuchs oder schwamm: Kartoffeln, Kohl, Rüben und natürlich Fisch. Hering mit Kartoffeln war bis Anfang des 20. Jhs. ein Alltagsgericht. Heute ist der Hering wieder zu Ehren gekommen, nachdem er einige Jahre als Armeleuteessen in den Restaurants verpönt war. Jeden April wird zu „Heringswochen" geladen. Usedomer Köche zaubern wahre Leckereien aus dem besonders zarten Ostseehering. Im September gibt es die „Tüftentage" mit einer Fülle einfallsreicher Gerichte. Tüfte heißt hier zu Lande die Kartoffel.

Durch den Fremdenverkehr wurden auch Gerichte aus anderen Landen in der Inselküche ausprobiert. Regionales hingegen wurde lange vernachlässigt und geriet in Vergessenheit. Touristen möchten aber Lokaltypisches. Deshalb stöbern Inselköche jetzt wieder in Großmutters Kochbüchern, was sie auch auf den Speisekarten vermerken: „Zubereitet nach alten Familienrezepten". Mit dem Ergebnis sind selbst die strengen Tester der Gastronomieführer zufrieden; immer mehr Restaurants der Insel erhalten die begehrten Sterne oder Kochlöffel.

Fangfrischer Fisch steht bei Köchen und Gästen gleichermaßen in der Gunst. Es

Bild: Brathering mit Bratkartoffeln

Deftig, reichlich und lecker: Fischiges und Traditionelles aus Vorpommern nach Großmutters Rezepten

gibt nicht nur Ostseefische wie Hering, Flunder und Dorsch, durch den Peenestrom, das Achterwasser und das Kleine Haff können auch Süßwasserfische wie Barsch, Zander, Karpfen und Hecht angeboten werden. Die Flunder, so meint der Volksmund, schmecke in den Monaten ohne „r" am besten, der Dorsch dagegen in den Monaten mit „r". Im späten Frühjahr wird vielfach Hornfisch angeboten, der im Mittelmeer und im Atlantik lebt. Er kommt nur zum Laichen in die Ostsee. Der bis zu 1 m lange Fisch mit den grünen Gräten ist noch weitgehend unbekannt, obwohl er gut schmeckt. Eine Delikatesse ist der Ostseeschnäpel, auch Steinlachs genannt, mit seinem festen, schmackhaften Fleisch. Lediglich 30 t sind es im Jahr, die die Fischer fangen, vor allem im November und Dezember, wenn der Schnäpel zum Laichen in die Gewässer der Peene, des Achterwassers und des Stettiner Haffs wandert.

Manche Gerichte auf Usedom werden dem Gast jedoch nicht auf Anhieb zusagen, da sie für fremde Zungen gewöh-

SPEZIALITÄTEN

▶ **Aal in Dillsoße** – Der Aal wird in einem Weinsud gegart, der Sud mit Sahne und Eigelb zur Soße legiert. Vor dem Servieren wird noch fein gehackter Dill eingerührt.

▶ **Ahlbecker Fischsuppe** – Eine aus Weißkohl, Kartoffelstückchen, Zwiebeln, Mehl und Milch bestehende Suppe mit in große Würfel geschnittenem Dorschfilet. Garniert mit reichlich gehacktem Dill, dazu kleine Schwarzbrotecken.

▶ **Gänseweißsauer** – Eine aus Gänsefleisch, Wurzelgemüse und Eischeiben bereitete Sülze, serviert mit deftigen Bratkartoffeln.

▶ **Gebratene Ostsee-Flunder** – In Zitronensaft, Salz und Pfeffer marinierte, beidseitig gebratene Flunder, über die in heißer Butter kurz angedünstete gehackte Petersilie kommt. Beilagen: Salz- oder Pellkartoffeln und grüner Salat.

▶ **Gebratener Hornfisch** – Kleine, in Öl gebratene Fischstücke, die mit Senfsoße, Salzkartoffeln und frischem Salat serviert werden. Den grätenreichen Hornfisch gibt es nur im Frühsommer.

▶ **Gefüllte Entenbrust** – Mit Pflaumen, Äpfeln, Majoran und Zimt gefüllte und gebratene Ente. Beilagen: Apfelrotkohl und Kartoffelklöße.

▶ **Hecht in Sahnesoße mit Meerrettich** – Der in Stücke geschnittene Fisch wird in einem Gewürzsud gegart. Der fertige Fisch wird mit der aus Meerrettich, saurer Sahne und einigen Löffeln des Suds hergestellten Soße begossen und mit grünem Salat und Salzkartoffeln gereicht.

▶ **Klopfschinken** – Rohe Schinkenscheiben werden dünn geklopft und einige Stunden in mit Muskat gewürzter Milch eingelegt, danach paniert und in Öl goldbraun gebacken. Als Beilage gibt es gebratene Waldpilze, grünen Salat oder gedünstetes Gemüse und Kartoffeln.

▶ **Labskaus** – Durch den Fleischwolf gedrehte gepökelte Rinderbrust, vermischt mit einem Püree aus Kartoffeln, Hering und eingelegten Roten Beeten. Obenauf kommt ein Spiegelei (Foto li.).

▶ **Pommerscher Betenbarsch** – Das vorpommersche Pendant zum russischen Borschtsch: winterliche Suppe aus Rindfleisch und roten Rüben, abgeschmeckt mit Essig und Zucker, verfeinert mit Crème fraîche und Dill.

▶ **Rote Grütze** – Johannis-, Erd- und/oder Himbeeren, auch Kirschen werden gekocht und mit Stärkemehl zu Grütze gebunden (Foto re.). Dazu: Vanillesoße.

nungsbedürftig sind. Süßsauer ist nicht jedermanns Sache. Viele Hauptgerichte werden gezuckert oder mit Backpflaumen und Rosinen gewürzt. Der *Gasthof t'n Eikbom* in Dargen pflegt solche Speisen. Süßsauer schmeckt auch die *Soljanka*, eine ursprünglich ukrainische Spezialität, die auf keiner Speisekarte der DDR fehlte. Die Fleischsuppe mit Gurken, Zwiebeln und Tomaten wird mit einem Klacks saurer Sahne und einer Zitronenscheibe serviert. Oft finden sich auf Usedoms Speisekarten auch Wildgerichte, denn die Wälder sind wildreich. Im Oktober, zu den Usedomer Wildwochen, warten die Küchenchefs mit speziellen „Wildkarten" auf.

Wenn Einheimische mitbekommen, dass ihre Küche nicht so recht mundet, werden sie bestimmt meinen: „Dei weit jo nich, wat schmeckt" (Der weiß ja nicht, was schmeckt!), wenn Sie dagegen voller Appetit „rinspachteln" oder „verposementieren", dann kann schon mal hinter Ihrem Rücken getuschelt werden: „He frett, dat dat Mul schümt" (Der frisst, dass das Maul schäumt) oder „He frett as'n Schüündröscher" (Der frisst wie ein Scheunendrescher).

An warmen Tagen verzichten die Gäste meist auf das Mittagessen, die Gaststätten sind dann fast leer. An Badewettertagen lässt man sich zwischendurch ein Fischbrötchen schmecken oder ein Stück Räucherfisch. Die Fischer am Strand schreiben ihr tägliches Angebot mit Kreide auf eine Tafel. Nichts geht über eine Portion Aal frisch aus dem Rauch.

In der kalten Jahreszeit, nach einem Spaziergang bei Eis und Schnee, empfiehlt sich zum Aufwärmen ein Grog. Apropos Trinken: Was mögen die Einheimischen an alkoholischen Getränken außerdem? Wenn Sie einen der Älteren fragen, dürfte er Ihnen verschmitzt antworten: „Wat bruken wi Alkohol, solang wi Bier un Bramwin hewwen" (Was brauchen wir Alkohol, solange wir Bier und Branntwein haben). Zum Bier passt ein „Köm", ein klarer Kümmelschnaps, ob Sie nun deftig gegessen haben oder nicht.

Immer mehr Usedomer Restaurants bekamen in den letzten Jahren von den Restaurantkritikern Kochlöffel, Hauben und Punkte verliehen. Was die Meisterköche der Insel können, zeigen sie zum INSIDER TIPP *Grand Schlemm*, der kulinarischen Strandwanderung von Ahlbeck bis Bansin Mitte Mai. Die Gäste spazieren am Strand entlang und lassen sich an neun „Rastplätzen de Luxe" verwöhnen.

Fischbrötchenverkauf

EINKAUFEN

Souvenirs sind in allen Badeorten zu haben. Einige, beispielsweise Schlüsselanhänger, Basecaps und Kaffeebecher, schmückt eine kleine, lustige Möwe. Das ist „Emma Sonnenschein", das Maskottchen von Usedom.

BERNSTEIN

Bernstein in Ringen, als Anhänger und zu Ketten verarbeitet: Das „Gold des Meeres" wird überall auf der Insel angeboten und als typisches Mitbringsel oder Erinnerungsstück auch gern gekauft. Bereits die alten Römer schätzten den Bernstein, das erhärtete, rund 40 Millionen Jahre alte Harz vorzeitlicher Nadelbäume, als Schmuckstück.

BILDER

Viele Maler haben auf Usedom im Lauf der Zeit ihre Motive gefunden; die berühmtesten von ihnen waren Lyonel Feininger (1871–1956) und Otto Niemeyer-Holstein (1896–1984). Auch heute wird noch viel gemalt: In Ahlbeck ist es Volker Köpp, in Mölschow Hans Seifert und in Zinnowitz das Ehepaar Brigitte und Reinhard Meyer, die ihre großen und kleinen Bilder verkaufen. Eine besonders große Auswahl ist im Kunstkabinett in Benz vorhanden.

BUDDELSCHIFFE

Bei den Urlaubern beliebt sind auch Buddelschiffe, von denen die kleinsten gerade einmal streichholzschachtelgroß sind. Das Schiff in der Buddel, wie die Flasche auf Plattdeutsch heißt, ist oft der maßstabsgerechte Nachbau eines bestimmten historischen Seglers. Die ersten Buddelschiffe tauchten bereits Ende des 18. Jhs. auf. Mit dem Bau dieser Schiffe vertrieben sich die Seeleute ihre freie Zeit und bewiesen ihr handwerkliches Geschick.

RÄUCHERFISCH

Nicht wenige gehen kurz vor der Heimreise zu den Fischern in Koserow oder Ahlbeck, um für sich oder die Daheimgebliebenen einen frisch geräucherten Aal mitzunehmen.

SANDDORN

An der Ostseeküste von Mecklenburg-Vorpommern wächst der Sanddorn *(Hippophae rhamnoides)*, auch Haff- oder

Beliebte Mitbringsel sind Bernsteinschmuck, Bilder und Buddelschiffe, aber auch Räucherfisch lässt sich gut transportieren

Seedorn genannt, wild. Als „Zitrone des Nordens" wird er gern bezeichnet, da er zehnmal mehr Vitamin C als die Zitrone enthält. Aus Sanddorn wird Saft, Likör und Marmelade hergestellt, neuerdings wird sogar eine Hautcreme auf Sanddornbasis angeboten. Die kleinen, organgefarbenen Früchte werden im Herbst von den Sträuchern geerntet.

STRANDGUT

Besonders beliebt als Souvenirs sind jene Stücke, die nicht von Menschenhand produziert, sondern von der Natur geschaffen wurden. In zahlreichen Usedomer Geschäften werden sie angeboten: schöne Muscheln, Bernsteinstückchen und „Hühnergötter", wie die mit einem oder mehreren Löchern versehenen, inzwischen heiß begehrten Feuersteine von den Einheimischen genannt werden. Einst wurden die durchlöcherten Steine nämlich in Hühnernester gelegt, um die Legefreudigkeit der Hennen zu verbessern. Heute wandern sie als Glücksbringer in die Geldbörsen, die – so hofft man – dadurch stets gut gefüllt bleiben sollen. Nicht minder beliebte Fundstücke sind die Donnerkeile. So heißen die versteinerten Skelettreste von urweltlichen Tintenfischen.

STRANDKÖRBE

In Heringsdorf gibt es die älteste deutsche Strandkorbfabrik, in der diese Ende des 19. Jhs. erfundenen Strandmöbel noch in traditioneller Handarbeit – heute allerdings vorwiegend aus Kunststoff – geflochten werden. Wer sich einen Strandkorb für zu Hause aussuchen möchte, hat die Qual der Wahl: Die beiden Grundtypen sind in vier Standardbreiten lieferbar, geflochten in einer von 14 Farb- und Materialvarianten, kombiniert mit einem der vier unterschiedlichen Holzlasur- und Lackfarbtöne und ausgeschlagen mit einem von 39 Stoffdessins ...

DIE PERFEKTE ROUTE

DURCHS NÖRDLICHE „INSELTOR"

Beginnen Sie Ihre Tour in 1 *Wolgast* →S. 35 auf dem Festland. Die 184 Stufen im Turm der Petrikiche nach oben zu steigen lohnt die Anstrengung: Der Blick über den Peenestrom nach Usedom ist wirklich grandios. Auf die Insel bringt Sie anschließend das Fahrrad. In 2 *Trassenheide* →S. 46 sollten Sie sich das auf dem Kopf stehende Haus („Die Welt steht Kopf") nicht entgehen lassen. Die Einrichtungsgegenstände hängen an der Decke, die normalerweise der Fußboden ist. In der nahen Schmetterlingsfarm flattern Hunderte von bunten Faltern. Im Historisch-Technischen Museum in 3 *Peenemünde* →S. 44, der Geburtsstätte der Weltraumfahrt, gehen die Gedanken auch zu jenen, die durch die hier entwickelten mörderischen Waffen im Zweiten Weltkrieg sterben mussten.

MIT DER BÄDERBAHN NACH SÜDEN

Von Peenemünde fahren Sie mit der Bäderbahn nach 4 *Zinnowitz* →S. 51. An der Seebrücke bringt Sie die Tauchgondel trockenen Fußes in die Tiefen der Ostsee. Auf der Deichkrone radelt man anschließend mühelos zur Gedenkstätte für den Maler Otto Niemeyer-Holstein nahe 5 *Koserow* →S. 41. Beim Fischer am Koserower Strand unweit der Salzhütten lockt ein leckeres Stück Fisch frisch aus dem Rauch.

AM ACHTERWASSER

In 6 *Loddin* →S. 43 geht es aufs Wasser: Mieten Sie sich ein Ruderboot, und dann ab zu den Schwänen und Enten aufs Achterwasser (Foto li. o.). Nach der Bootstour schwingen Sie sich wieder aufs Rad. Rund 4 km weiter, am Ortsrand von 7 *Ückeritz* →S. 48, liegen im Gesteinsgarten tonnenschwere Findlinge im Wald, die die letzte Eiszeit vor Tausenden von Jahren nach Usedom geschoben hat. Beim Bahnhof Schmollensee biegen Sie rechts nach 8 *Mellenthin* →S. 69 ab. Im Wasserschloss kann man sich auf der Restaurantterrasse wie Bauherr Rüdiger von Neuenkirchen fühlen und danach dessen riesige Grabplatte in der Kirche bestaunen. Ein typisches Usedomer Achterland-Dorf ist 9 *Morgenitz* →S. 71, dessen Kirche viele Trogmühlen und Mahlsteine einrahmen. Kunstkabinett, Bockwindmühle und Kirche sind in 10 *Benz* →S. 61 die Ziele, eventuell noch der Aussichtsturm auf einer Anhöhe in Richtung Reetzow, die man hierzulande trotz ihrer bescheidenen 58,30 m über NN „Berg" nennt.

Erleben Sie die vielfältigen Facetten Usedoms von Wolgast quer über die Insel bis Wollin im Nachbarland Polen

ZUM OSTSEESTRAND

Vom Hinterland führt die Route nun wieder zum Ostseestrand. Unterwegs taucht rechter Hand der ***Gothensee*** → S. 61 aus dem Grün der Wiesen auf, über dem oft ein Fischadler kreist. In ⓫ ***Bansin*** → S. 58 radeln Sie zum Puderzuckerstrand, um an warmen Sommertagen ein erfrischendes Bad in der Ostsee zu nehmen. In ⓬ ***Heringsdorf*** → S. 64 spazieren Sie die Strandpromenade entlang und die parallel verlaufende Delbrückstraße zurück. Danach sind Sie überzeugt, ein Architekturmuseum besucht zu haben: Bäderarchitektur in höchster Vollendung. Die Seebrücke in ⓭ ***Ahlbeck*** → S. 55 avancierte zu Usedoms Wahrzeichen (Foto linke Seite, re. u.).

UNSICHTBARE GRENZE

Von Ahlbeck fährt Sie die Bäderbahn ins polnische ⓮ ***Swinemünde*** → S. 81, wo eine Hafenrundfahrt und das Westfort auf dem Programm stehen. Die Fähre über die Swina bringt Sie zum Leuchtturm auf der Schwesterinsel Wolin. Radeln Sie weiter nach ⓯ ***Misdroy*** → S. 84. Die Promenade endet im Osten bei den Booten der Fischer und ihrer Gaststätte. Nach dieser Tour haben Sie sich ein zünftiges Fischessen verdient – bevor es zu den Wisenten und zum Türkissee im Nationalpark Wollin weitergeht.

120 km. Reine Fahrzeit ca. 8 Stunden.
Empfohlene Reisedauer: 3 Tage
Detaillierter Routenverlauf auf dem hinteren Umschlag, im Reiseatlas sowie in der Faltkarte

INSELTORE

Flach und weiträumig ist das Land im Nordwesten Vorpommerns: von der Eiszeit planiert, von der Peene durchfurcht, überragt von den Kirchtürmen von St. Marien und St. Nikolai in Anklam und St. Petri in Wolgast. Jahrhundertelang wiesen sie den Seeleuten den Weg.

Heute sind die Kirchen steinerne Zeugen einstigen Reichtums und verflossener Macht und erzählen vom Kunstsinn der Bürger im Mittelalter. Durch Anklam und Wolgast, die Tore zur Insel Usedom, schieben sich im Sommer die Autos, drängen sich an Schlechtwettertagen die von der Insel kommenden Touristen auf ihrem Tagesbesuch. Aber schon wenige hundert Meter hinter den Stadtgrenzen herrscht wieder Stille zwischen Wiesen, Feldern, Wald und kleinen Dörfern. Die Anklamer Umgebung, eingefasst von Peene, Tollense und Landgraben, wird oft „Grafenwinkel" genannt, weil die Besitzungen sich meist in gräflichen Händen befanden. Schlösser und Herrenhäuser stehen hier viele, aber auch um Wolgast, ehemalige Residenz der pommerschen Herzöge, gibt es etliche davon.

ANKLAM

(116 C5–6) (🕮 E–F8) **Gern schmückt sich Anklam (14 000 Ew.) mit dem Beinamen Lilienthal-Stadt, wurde doch der berühmte Flugpionier am Peeneufer geboren.**

1283 trat Anklam der Hanse bei und umgab sich weiträumig mit der Land-

Bild: Blick von der Petrikirche über Wolgast

Kirchen und Schlösser, Landschaftsparks und eine Kaffeemühle – auch das Festland vor Usedom hat einiges zu bieten

wehr, einem System von Wällen, Gräben und Warttürmen (15. Jh.). Einer dieser Warttürme steht noch an der B 109 in Richtung Pasewalk. Anklam, dessen Altstadt im Zweiten Weltkrieg zu 70 Prozent vernichtet wurde, ist Mittelpunkt einer landwirtschaftlich geprägten Region. An die Kriegsfolgen erinnert die heute kulturell genutzte gotische Nikolaikirche (14. Jh.), deren Dach 2010 wiederhergestellt wurde. Zurzeit erfolgt der weitere Ausbau zum *Ikareum,* einem Ausstellungs-, Veranstaltungs-, Freizeit- und Bürgerzentrum. Vom Krieg weitgehend verschont blieb die wuchtige backsteinerne Marienkirche (14./15. Jh.).

SEHENSWERTES

INSIDER TIPP AERONAUTICON
Der frei zugängliche museumspädagogische Erlebnispark bietet auf dem Anklamer Flughafen Natur und Technik zum Anfassen. Nach Absprache ist noch viel mehr möglich. *An der B 109 | Tel. 03 71 25 99 87*

Flugsegel im Otto-Lilienthal-Museum

MUSEUM IM STEINTOR

Die Stadtgeschichte wird auf fünf Etagen des 32 m hohen spätgotischen Steintors (15. Jh.), des Wahrzeichens der Stadt, präsentiert. Wer die 111 Stufen bis ganz nach oben schließlich überwunden hat, wird mit einer schönen Aussicht belohnt. *Mai–Sept. Di–Fr 10–17, Sa/So 13–17, Okt.–April Mi–Fr 11–15.30, So 13–15.30 Uhr | Schulstr. 1 | www.museum-im-steintor.de*

OTTO-LILIENTHAL-MUSEUM ★

Biografisch-technisches Museum, das den in Anklam geborenen Flugpionier Otto Lilienthal vorstellt. Es beherbergt die größte Sammlung seiner Flugapparate in Originalgröße. *Juni–Sept. tgl. 10–17, Nov.–April Mi–Fr 11–15.30, So 13–15.30, Mai, Okt. und Schulferien Di–Fr 10–17, Sa/So 13–17, im Winter bis 16 Uhr | Ellbogenstr. 1 | www.lilienthal-museum.de*

ESSEN & TRINKEN

DABERS

Deutsche und bulgarische Küche in historischem Ambiente. Hausspezialität: gegrillte und überbackene Medaillons von Pute und Schwein auf Bratkartoffeln mit Mandelbrokkoli. *Tgl. | Mägdestr. 1 | Tel. 03971 24 31 73 |* €€

EINKAUFEN

HÖFELADEN ESSLUST

Bioprodukte aus der Region werden in einer alten Scheune zwischen Anklam und der Insel Usedom verkauft: Naturkost- und Milchprodukte, Obst, Gemüse, Pasta, Wein, Keramik. Die Spezialität sind INSIDER TIPP Natursauerteigbrote aus Bio-Vollkorngetreide, die im nahen Hof *Schwarze Schafe* im Holzbackofen gebacken werden. Auch Kaffee und Kuchen, belegte Brote und tgl. eine frisch gekochte Suppe. *April–Okt. tgl., Nov./Dez. So geschl. | Murchin OT Libnow 7 a (5 km von Anklam) | www.hoefeladen-esslust.de*

FREIZEIT & SPORT

INSIDER TIPP Abenteuer pur auf dem „Amazonas des Nordens", wie die Peene gern genannt wird, bietet die *Kanustation Anklam* – im gemieteten Boot auf eigene Faust oder im Rahmen einer organisierten Wanderung. Lautlos über die Peene gleiten und dabei Seeadler, Fischreiher und Eisvögel beobachten und die Ruhe genießen können Sie mit dem umweltfreundlichen Solarboot. Es wird mit Sonnenenergie angetrieben und fährt maximal 8 km/h. *Tel. 03971 24 28 39 | www.kanustation-anklam.de*

ÜBERNACHTEN

HOTEL AM STADTWALL

Hotel Garni mit 18 modernen, großen Zimmern im historischen Gebäude des Warmbades. *Demminer Str. 5 | Tel. 03971 83 31 36 | www.hotel-am-stadtwall.de | €*

AUSKUNFT

ANKLAM-INFORMATION

Markt 3 | im Rathaus | 17389 Anklam | Tel. 03971 83 51 54 | www.anklam.de

ZIELE IN DER UMGEBUNG

BÖMITZ (116 C2) (*F6*)

Ein kleines Refugium der Ruhe und Tradition ist das in einem alten Gutshaus etablierte *Rittergut Bömitz.* Im Restaurant *Jägerstube* werden frische regionale Zutaten verarbeitet; Wild, Fisch und Gemüse der Saison bestimmen die Karte. *20 Zi. | Dorfstr. 14 | Tel. 039724 2 25 40 | www.rittergut-boemitz.de | Restaurant €–€€ | Hotel €€ | 12 km*

STOLPE (116 A5) (*D7*)

Das Dorf hat mit dem 300 Jahre alten *Fährkrug* eines der traditionsreichsten Gasthäuser des Landes, das weitgehend im ursprünglichen Zustand erhalten ist. Passend dazu gibt es bodenständige Gerichte aus Mecklenburg-Vorpommern *(April–Sept. tgl. | Dorfstr. 25 | Tel. 039721 5 22 25 | €)*. Nur einen Steinwurf entfernt, durch das Schutzdach nicht zu übersehen, stehen die Reste des Klosters Stolpe, von dem die Christianisierung Vorpommerns ausging. Im Sommer verkehrt über die Peene eine INSIDER TIPP Personenfähre. In einer denkmalgeschützten Gutsanlage im englischen Landhausstil residiert das noble ★ *Hotel & Restaurant Gutshaus Stolpe.* Die charmanten Zimmer sind mit Antiquitäten ausgestattet. Gourmets kommen in dem der französisch-mediterranen Küche verpflichteten Restaurant auf ihre Kosten. Hier zaubert Sternekoch André Münch kulinarische Glanzlichter *(33 Zi. | Restaurant Mo, Nov.–März So/Mo geschl. | Peenestr. 33 | Tel. 039721 55 00 | www.gutshaus-stolpe.de | €€€)*. 10 km

WOLGAST

(112 C4–5) (*F–G4*) **Die Stadt (12 000 Ew.) bildet das nördliche Tor zur Insel, mit der sie durch das „Blaue Wunder" verbunden ist.**

MARCO POLO HIGHLIGHTS

★ **Otto-Lilienthal-Museum**
Das Museum in Anklam informiert über Leben und Werk des Flugpioniers → S. 34

★ **Hotel & Restaurant Gutshaus Stolpe**
Zimmer und Küche des noblen Hotels befriedigen auch hohe Ansprüche → S. 35

★ **Petrikirche**
Prunksarkophage, Konzerte und ein fabelhafter Turmblick bis zur Insel Usedom → S. 36

★ **Stadtmuseum Wolgast**
Fischerteppiche und historische Werkstätten in der Wolgaster „Kaffeemühle" → S. 36

So wird die Brücke über den Peenestrom ihres Anstrichs wegen genannt. Am Brunnen (1936) vor dem Rathaus sind bedeutende Ereignisse der Stadtgeschichte dargestellt. Wolgast hatte seine Glanzzeit im 18. und 19. Jh., als die Schiffe der Stadt über die Weltmeere segelten. Die barocken Kaufmannshäuser in der Burgstraße künden von dieser Zeit. Beim Bummel durch die Stadt, deren schachbrettartiger Grundriss seit dem Mittelalter nahezu unverändert blieb, werden Sie viele interessante Bauten entdecken.

SEHENSWERTES

PETRIKIRCHE ★

Gewaltiger, 600 Jahre alter spätgotischer Backsteinbau. In der seit 2006 ständig zugänglichen *Kapelle der Pommernherzöge* sind sieben Prunksarkophage zu besichtigen. Ein Ohrenschmaus sind seit Jahren die ● „Sommermusiken"; die Musiker kommen aus dem In- und Ausland. Besonders beliebt sind Konzerte auf der Sauer-Orgel. Vom 56 m hohen Turm (184 Stufen) haben Sie einen herrlichen Rundblick. *www.kirche-wolgast.de*

RUNGEHAUS

Das Geburtshaus des frühromantischen Malers und Schriftstellers Philipp Otto Runge (1777–1810) bietet u. a. die Simulation der Rungeschen Farbkugeln. *Mai/Juni, Sept./Okt. Di–Fr 10–17, Sa 10–14, Juli/Aug. Di–Fr 10–18, Sa/So 10–16 Uhr | Kronwiekstr. 45 | www.museum.wolgast.de*

STADTMUSEUM WOLGAST ★

Kaffeemühle nennen die Wolgaster ihr Stadtmuseum; das ehemalige Speichergebäude aus dem 17. Jh. sieht mit seinem Holzbodenaufbau wirklich so aus, nur die Kurbel fehlt. Erlebbar gemacht wird Stadtgeschichte von der slawischen Besiedlung im 8. Jh. bis in die Gegenwart, in deren Mittelpunkt die Seefahrtsgeschichte steht. Im Erdgeschoss ist eine Handwerkerstraße mit Schuster, Apotheker, Frisör und Knüpfstube für Fischerteppiche eingerichtet. *Geöffnet wie Rungehaus | Rathausplatz 6*

LOW BUDG€T

- Im Restaurant *Zum alten Schweden* in Wolgast *(Breite Str. 18 b | www.zum-alten-schweden.de)* wird Mo–Fr ein Mittagsgericht für 3,90 Euro angeboten.
- Preisbewusste übernachten in Anklam und Wolgast und fahren von dort nach Usedom. In Anklam bietet die *Hotel Pension Anklam (www.hotel-pension-anklam.de)* das Doppelzimmer ab 50 Euro an, im *Hotel Petris Garten* in Wolgast *(www.hotel-petris-garten.de)* kostet das DZ in der Nebensaison 45, in der Hauptsaison 50 Euro – und das mit Frühstück!

ESSEN & TRINKEN

FISCHER KLAUS

Fisch in vielen Variationen: gebraten, gedünstet, gekocht. Suppenkasper werden sich freuen, vier Fischsuppen stehen zur Auswahl. Für zu Hause zum Mitnehmen gibt es die INSIDER TIPP Fischsuppe „Wolgast" in der Dose. Aber beeilen, sie ist schnell ausverkauft! *April–Okt. tgl. | Hafenstr. 6 | in der Schlosspassage | Tel. 03836 234272 | €€*

ZUR SCHWEDENSCHANZE

Im Sommer Grillbüfett und Räucherfisch, im Winter anheimelnde Atmosphäre mit Kaminfeuer. *Okt.–April Do. geschl. |*

Nüchtern und streng: Innenraum der Petrikirche Wolgast

Dorfstr. 46 a | OT Mahlzow | Tel. 03836 20 03 13 | www.schwedenschanze.de | € –€€

ÜBERNACHTEN

HOTEL PEENEBRÜCKE

Großzügige, individuelle Zimmer in einem Patrizierhaus an Peenebrücke und Denkmalhafen. *20 Zi. | Burgstr. 2 | Tel. 03836 2 72 60 | www.hotel-peene bruecke.de* | €

WEIDEHOF

Wohnen am Peenestrom. Reit- und Kutschpferde stehen bereit. *10 Zi. | Tannenkampweg 52b | Tel. 03836 23 40 20 | www.weidehof-wolgast.de* | €

AUSKUNFT

WOLGAST-INFORMATION

Rathausplatz 10 | 17438 Wolgast | Tel. 03836 25 12 15 | www.wolgast.de

ZIELE IN DER UMGEBUNG

FREEST (112 B2) *(F2)*

Im kleinen Hafen herrscht noch Fischeratmosphäre. Ein Teil des Fangs wird in der denkmalgeschützten INSIDER TIPP Fischräucherei *Thurow* *(Dorfstr. 49 | www. thurow-freest.de)* geräuchert, der ältesten noch produzierenden an der Ostseeküste. In der *Heimatstube (Mai–Sept. tgl. 10–16.30, Okt.–April Di–Sa 10–16 Uhr)* sind allerlei Gerätschaften und ein 16 m langer Kutter zu sehen. Von Freest verkehrt eine Personenfähre nach Peenemünde *(www.reederei-peenemünde.de).*

KATZOW ● (112 A5) *(E4)*

Auf einem 18 ha großen Areal in der Wiesenlandschaft zwischen Katzow und Pritzier sind mehr als 80 Skulpturen zu bewundern. Mit seinen Bildhauerworkshops erwarb sich der Skulpturenpark *(www.skulpturenpark-katzow.eu)* breite Anerkennung. *6 km*

DER NORDEN

Der Strand ist vom Feinsten, ein endloser Buddelkasten, ein Paradies für Sonnenanbeter. Hinter den Dünen oder der Steilküste ziehen sich weite Felder und Wälder hin. Die Natur hat Usedoms Badeorte reich gesegnet.

In Zempin und Ückeritz, deren alte Ortskerne sich dem Achterwasser zuwenden, kreischen die Möwen, ziehen Fischadler ihre Kreise. Ruhe und Beschaulichkeit strahlen auch Koserow, Kölpinsee, Karlshagen und Trassenheide aus. Spielt das Wetter einmal nicht so richtig mit, kann man wandern oder radeln – zu kleinen Häfen, über die Halbinsel Wolgaster Ort zur Krumminer Wiek oder zur nahezu unberührten Südspitze des Gnitz. Die Orte im Norden Usedoms sind für jene Urlauber das richtige Ziel, die vor allem Ruhe suchen. Die Ausnahme bilden Zinnowitz und Peenemünde. Zinnowitz hat sich mit der Ostseebühne und seinem Theater zu einem kleinen kulturellen Zentrum entwickelt, Peenemünde zieht als Geburtsstätte der Weltraumfahrt jährlich Hunderttausende von Besuchern aus vielen Ländern an.

KARLSHAGEN

(113 D2–3) (G2–3) **Laub- und Nadelwälder im Osten und Westen, die bis an die Dünen reichen, im Süden moorige Wiesen: Karlshagen (3000 Ew.) gehört zu den ruhigen Orten der Insel.**

Auch wenn der Hafen am Peenestrom der größte im deutschen Teil Usedoms

Bild: Kölpinsee

Möwen, Yachten, feiner Sand – beschauliche Landschaften zwischen Ostsee, Peenestrom und Achterwasser

ist, herrscht hier Beschaulichkeit. Der ● Strand ist bis zu 50 m breit, fällt flach ins Meer ab und ist für Familienurlaub bestens geeignet. An die Opfer des Haftlagers in Peenemünde erinnert die Gedenkstätte (1970), ein etwa 3 m hohes Mosaik, an der Hauptstraße Richtung Trassenheide. Bei Bombenangriffen der Alliierten am 17. und 18. August 1943 kamen mehr als 600 ausländische Arbeiter und 120 Deutsche ums Leben. Ihre letzte Ruhestätte fanden sie auf dem Friedhof nahe der Gedenkstätte.

SEHENSWERTES

NATURSCHUTZZENTRUM INSEL USEDOM ●

Die Ausstellung befasst sich u. a. mit dem Naturpark Usedom; beachtlich sind die große Seevögelsammlung und das interessante Diorama „Peenemünder Haken"; regelmäßig werden Vorträge über Naturthemen angeboten. *Mai–Sept. Di–So 10–17, Okt.–April bis 16 Uhr | Dünenstraße | Tel. 038371 21750 | www.naturschutzzentrum-karlshagen.de*

POMMERSCHES BETTENMUSEUM

Wie man sich bettet ... Alles rund ums Bett und die Schlafkultur erfahren Sie in diesem originellen Museum. Vom Strohbett bis zum romantischen Himmelbett: Rund 200 unterschiedliche Schlafstätten umfasst die Ausstellung, weiterhin Kinder- und Puppenbetten, Schlafgeschirr und Nachtwäsche. *April–Okt. tgl. 10–17, Nov.–März Mo–Fr 10–15 Uhr | Am Hafen 4 | www.pommersches-bettenmuseum.de*

Wie eine steinerne Arche: die Kirche von Koserow

ESSEN & TRINKEN

MEERESRESTAURANT DIE AUSTER

Frische Produkte, gepaart mit fundierter Kochkunst und dazu eine Weinkarte mit 50 verschiedenen Sorten. *März–Okt. tgl. | Strandpromenade 1 | im Strandhotel | Tel. 038371 26 90* | €€–€€€

PEENEMÜNDER ECK

Kleines, gemütliches Restaurant mit regionaler und mediterraner Küche an der Straße nach Peenemünde. Wechselndes Angebot an frischem Saisonfisch, z. B. Hering, Hornfisch oder Flunder. *Tgl. | Strandstr. 1a | Tel. 038371 218 15 | www.peenemuender-eck.de* | €

FREIZEIT & SPORT

Beste Bedingungen finden Fun- und Freizeitsportler am Karlshagener Freizeitstrand vor, das Revier ist besonders bei Windsurfern beliebt. Surfkurse, Wasserski- und Wakeboard, Katamaransegeln, Banana-Riding mit der Surf- und Segelschule *Schiffter (Zeltplatzstr. 3 | Tel. 0174 3 01 56 50 | www.sportstrand-usedom.de)*. Geführte Walking- und Wandertouren, Orts- und Vogelstimmenwanderungen mit Guides führt die Kurverwaltung in der Saison durch. Infos und Termine siehe Veranstaltungskalender.

ÜBERNACHTEN

STRANDHOTEL

Nur Düne und Strandpromenade trennen das Hotel vom weißen Strand. Beliebt sind die 7 Maisonetten und die großen Giebelstudios mit Ostseeblick. *20*

Zi. (alle Nichtraucherzimmer) | Nov.–Feb. geschl. | Strandpromenade 1 | Tel. 038371 26 90 | www.strandhotel-usedom.de | €€

AUSKUNFT

KURVERWALTUNG

Hauptstr. 4 | 17449 Karlshagen | Tel. 038371 5 54 90 | www.karlshagen.de

KOSEROW

(114 A–B1) *(🕮 J4)* **Die Ostsee und das Achterwasser sind beide zum Greifen nah. Koserow (1700 Ew.) mit seinen ein- und zweistöckigen Häusern liegt mit Zempin auf der schmalsten Stelle der Insel, angelehnt an den unter Naturschutz stehenden *Streckelsberg*, von dessen Steilufer sich ein weiter Blick aufs Meer bietet.**

Im Frühling bedeckt ein bezaubernder blauer Teppich aus Leberblümchen den Boden des Buchenwaldes. 4 km vor dem Streckelsberg soll im Meer die sagenhafte Stadt Vineta untergegangen sein, erkennbar an der schäumenden Brandung des Vineta-Riffs. 1993 wurde die 261 m lange Seebrücke eingeweiht, seitdem kann die Küste auch von See aus bewundert werden. Der Strand ist 50 m breit und hat einen ausgedehnten Steilküstenabschnitt, erst nach etwa 30 m ist eine Wassertiefe von einem Meter erreicht.

SEHENSWERTES

ATELIER OTTO NIEMEYER-HOLSTEIN ★

Wo sich Ostsee und Achterwasser fast berühren, ließ sich der Maler Otto Niemeyer-Holstein nieder und baute ab 1933 sein skurriles Zuhause um einen ausrangierten S-Bahn-Wagen herum. Nach dem Tod des Altmeisters der norddeutschen Landschaftsmalerei 1984 blieb „Lüttenort", so taufte es der Künstler, seinem Wunsch entsprechend unverändert erhalten. Mittwochs *(18, im Winter 16 Uhr)* INSIDER TIPP Vorführung des Films „... und der Strand ist meine große Geliebte". *Garten/Galerie Mitte April–Mitte Okt. tgl. 10–18, Führungen 11, 12, 14, 15, Mitte Okt.–Mitte April Mi/Do, Sa/So 10–16, Führungen 11, 12 und 14 Uhr | Tel. 038375 2 02 13 | www.atelier-otto-niemeyer-holstein.de*

KIRCHE

Im Sommer wird die von Kastanien umgebene Kirche auch für Lesungen und Konzerte genutzt, und sie ist Spielstätte für die Theateraufführungen „Klassik am Meer". Das Gotteshaus wurde um 1300 aus Feldsteinen errichtet; Langschiff und Turm sind Zugaben des 15. Jhs. *Pfingsten–Sept. tgl. 16–18 Uhr | Fischerstraße*

MARCO POLO HIGHLIGHTS

★ Atelier Otto Niemeyer-Holstein
Das skurrile Zuhause des bedeutenden Landschaftsmalers am Achterwasser in Koserow
→ S. 41

★ Peenemünde
Geburtsstätte der Raumfahrt: einer der historisch brisantesten Orte in Deutschland → S. 44

★ Schmetterlingsfarm
Hunderte von tropischen Schmetterlingen tummeln sich in Trassenheide → S. 46

★ Südspitze Gnitz
Halbinsel im Achterwasser: Entdeckungsreise in eine zauberhafte Landschaft → S. 53

SALZHÜTTEN
Um 1820 entstanden die ersten rohrgedeckten Lagerhütten am westlichen Strand von Koserow. Um 1900 gab es 15 Salzhütten (wegen des Konservierungsmittels Salz), heute sind sechs rekonstruierte zu sehen, die den Fischern als Lager-, Arbeits- und Verkaufsräume dienen.

KOSEROWER SALZHÜTTE
Sichere Adresse für frischen und geräucherten Fisch in einer der Salzhütten. Bei schönem Wetter stellt man Tische auch nach draußen, denn drinnen wird's schnell eng. *Tgl. | am Strand bei der Seebrücke | Tel. 038375 20680 | www.koserower-salzhuette.de* | €€–€€€

Früher Lagerhütte der Fischer: rekonstruierte Salzhütte in Koserow

UNS FISCHERS ARBEITSHÜTT
Hier finden nur eine Handvoll Besucher Platz: originelles Minimuseum in einer der historischen Salzhütten. Für Heiratswillige: In dem Museum befindet sich Usedoms kleinstes Trauzimmer. *Mai–Sept. Di–Sa 11–15 Uhr*

ESSEN & TRINKEN

CAFÉ MORITZ
Frühstück, Snacks, selbst gebackener Kuchen und für Schleckermäuler hausgemachtes Eis. Rund INSIDER TIPP 50 verschiedene Eisbecher verlocken zum Naschen. *Tgl. | Hauptstr. 46b | Tel. 038375 93826 | www.cafe-moritz.de*

EINKAUFEN
Eine der Salzhütten wurde zu einem Souvenirgeschäft umfunktioniert. In der Nachbarschaft verkauft *Udos Fischräucherei*, was die Fischer des Ortes angelandet haben *(An der Seebrücke | Tel. 038375 20277 | www.udos-fischraeucherei.de)*.

FREIZEIT & SPORT
Von der Seebrücke legen Schiffe zu stimmungsvollen Ostseetörns nach Zinnowitz, Heringsdorf, Swinemünde und Misdroy ab *(Tel. 038378 47790 | www.adler-schiffe.de)*.

ÜBERNACHTEN

BEST WESTERN HOTEL HANSE-KOGGE

Fünf Gebäude bilden die barrierefreie Hotelanlage mit komfortablen Zimmern. Ein Juwel: das INSIDER TIPP Bernstein-Medical-Spa mit Sanddorn-, Rügener Heilkreide-, Algen- und asiatischen Anwendungen sowie 32 Grad warmem Solewasser im Schwimmbecken und einer Kältekammer. *125 Zi. | Hauptstr. 22 | Tel. 038375 26 00 | www.hotelhansekogge.de | €€*

HOTEL NAUTIC

Mitten im Ort und doch nicht weit zum Strand, zum Achterwasser und zu den bewaldeten Hängen des Streckelsbergs. Entspannung finden Sie in der Wellnessoase mit Schwimmbad, Saunen, Liegewiese. *50 Zi. | Triftweg 4 | Tel. 038375 25 50 | www.nautic-usedom.de | €€*

AUSKUNFT

KURVERWALTUNG

Hauptstr. 34 | 17459 Koserow | Tel. 038375 2 04 15 | www.seebad-koserow.de

LODDIN/ KÖLPINSEE

(114 B1–2) (*J–K4*) **Nach Loddin (1000 Ew.) reist, wer Ruhe sucht oder die Natur liebt. Der Ortsteil Loddin, das einstige Fischer- und Bauerndorf, wendet sich dem Achterwasser zu, der Ortsteil Kölpinsee entstand Anfang des 20. Jh. als Seebad.**

Zum Idyll von Kölpinsee mit seinem bis zu 50 m breiten Sandstrand wurde der Kurplatz mit der Konzertmuschel auf einer Anhöhe in Strandnähe. Ihm zu Füßen liegt auch der 34 ha große See, der dem Ort den Namen gab und einst eine Bucht der Ostsee war. Vom *Teufelsberg,* einem Aussichtspunkt auf dem 40 m hohen Steilufer am Ostseestrand, genießen Sie einen weiten Blick auf das Meer. Eine Wanderung über die Steilküste am Bodden bis zum *Loddiner Höft,* einem 16 m hohen Hügel an der Spitze der Landzunge beschert wundervolle Aussichten über das Achterwasser bis hin zu den Halbinseln Gnitz und Lieper Winkel.

SEHENSWERTES

HEIMATSTUBE

In liebevoller Kleinarbeit hat der Heimatverein über die Jahre viele Exponate gesammelt, die ein Bild vom traditionellen Leben in Loddin und auf der Insel Usedom vermitteln. *Mo–Fr 9–12, 15–17 Uhr | im Bahnhof*

ESSEN & TRINKEN

WATERBLICK

Fischrestaurant im Ortsteil Loddin mit selbst geräuchertem Fisch, selbst gebackenem Brot, INSIDER TIPP „Loddiner Abendrot" vom eigenen Weinberg hinterm Haus und Blick aufs Achterwasser. Zum Restaurant gehört die *Radeberger Queen*, eine schwimmende Fischgaststätte, die zu Fahrten ausläuft. *Tgl. | Am Mühlenberg 5 | Tel. 038375 2 02 94 | www.waterblick.de | €€–€€€*

EINKAUFEN

Wem das Glück nicht hold ist, selbst Bernstein am Strand zu finden, schaut im *Bernsteinbasar Schwarzenholz* vorbei und findet mit Sicherheit ein hübsches Schmuckstück. In der kleinen Ausstellung erfährt man dazu noch alles rund um das Gold des Meeres. *Tgl. 16–19 Uhr | Waldsiedlung 4 | Kölpinsee*

Kikis Bootsverleih in Loddin

FREIZEIT & SPORT

● *Kikis Bootsverleih* hält tgl. ab 10 Uhr am Loddiner Schilfgürtel Boote aller Art bereit. Wer Ruhe und Entspannung sucht, lässt sich in einem Ruder- oder Paddelboot aufs Achterwasser treiben, wo er stundenlang mit Schwänen, Enten und kreischenden Möwen allein ist. *Tel. 0170 3 40 20 30 | www.achterwasser.de*

ÜBERNACHTEN

SEESCHLÖSSCHEN

Kleines, liebevoll geführtes Hotel, großzügige Zimmer mit Balkon oder Terrasse. *16 Zi. | Strandstr. 15 | Tel. 038375 26 10 | www.hotel-seeschloesschen-usedom.de |* €€

HOTEL ZUR OSTSEE

Familiäres Hotel mit modern eingerichteten Zimmern im Haus I. Wer preiswert wohnen möchte, bucht ein Zimmer im Haus II mit Etagendusche/WC. *24 Zi. | Strandstr. 14 | Tel. 038375 2 02 96 | www.hotel-zur-ostsee.de |* € – €€

AUSKUNFT

TOURIST-INFORMATION

Strandstr. 23 | Haus des Gastes an der B 111 | 17459 Loddin | Tel. 038375 2 27 80 | www.seebad-koelpinsee.de | www.seebad-loddin.de

PEENE-MÜNDE

(112 C2) (*F–G2*) ★ **In Peenemünde (500 Ew.) ließ Hitler seine Heeresversuchsanstalt errichten, das seinerzeit modernste und größte Hightechzentrum Europas.**

Unter äußerster Geheimhaltung arbeiteten hier ca. 15 000 Menschen unter der wissenschaftlichen Leitung von Wernher von Braun an der Entwicklung und Erprobung neuer Waffensysteme. In Peenemünde entstand die erste automatisch gesteuerte Flüssigkeitsgroßrakete der Welt, die A 4.

Die ab Dezember 1942 in Serie hergestellten Raketen, ab Frühjahr 1943 in den Medien als „Vergeltungswaffen" propagiert, wurden vor allem in Angriffen auf London, Antwerpen, Lüttich und Rotterdam eingesetzt. Der Norden Usedoms ist die Geburtsstätte einer der grausamsten Waffen des Zweiten Weltkriegs, der V 2, die aber auch als Vorläufer aller Raumfahrtträgerraketen gilt. Von Hitlers Raketenschmiede ist nicht mehr viel zu sehen; die Sowjetarmee hat nach 1945 den größten Teil der Anlagen gesprengt. Dem Dynamit trotzten lediglich die starken Mauern des Sauerstoffwerks, das heute noch als Ruine in den Himmel ragt. In diesem Bauwerk wurde der für den Start der „Wunderwaffen" benötigte Flüssigsauerstoff produziert.

SEHENSWERTES

HISTORISCH-TECHNISCHES MUSEUM ●

Die Ausstellung im ehemaligen Kraftwerk der Heeresversuchsanstalt dokumentiert die Arbeit der Peenemünder Raketenforscher, die verheerenden Folgen der neuen Waffen sowie deren Weiterentwicklung bei Militär und Raumfahrt nach dem Zweiten Weltkrieg. Die Ambivalenz der Nutzung modernster Technologie wird in Peenemünde deutlich wie kaum an einem anderen Ort. Sie bildet gemeinsam mit der Geschichte des Ortes den Schwerpunkt der Ausstellung. Im Freigelände steht in Originalgröße von 14 m ein Modell der V 2. Ausgestellt sind auch Jagdflugzeuge und Hubschrauber der NVA sowie (am Hafen) das in der Sowjetunion gebaute 56 m lange Raketenschiff „Tarantul". Das Museum ist heute auch eine internationale Begegnungs- und Kulturstätte. Der große Maschinensaal beeindruckt als Aufführungsort im Rahmen des Usedomer Musikfestivals. *April–Sept. tgl. 10–18, Okt. bis 16, Nov.–März Di–So 10–16 Uhr | Im Kraftwerk | Tel. 038371 5050 | www.peenemuende.de*

PHÄNOMENTA ●

Kann man einen Trabi mit einem Arm hochheben, in einer Seifenblase stehen oder mit einem Paukenschlag eine Kerze auspusten? Ja, man kann! Rund 200 naturwissenschaftliche und physikalische Phänomene werden hier präsentiert. *Mitte März–Okt. tgl. 10–18, Weihnachten, Neujahr, Winterferien tgl. 10–16 Uhr | Museumsstr. 12 | Tel. 038371 26066 | www.phaenomenta-peenemuende.de*

SCHIFFSVETERANEN

Den Hafen beherrscht das einstmals größte dieselbetriebene U-Boot der Welt. Den 1965 erbauten stählernen Riesen von 86 m Länge musterte die russische Kriegsmarine 1994 aus *(tgl. Juli–Mitte Sept. 9–21, April–Juni, Mitte Sept./Okt. 10–18, Nov.–März 10–16 Uhr)*. Daneben wurde „Taucher II." vertäut, ein 1959 von der Volksmarine der DDR in Dienst gestelltes Taucherhilfsschiff *(www.taucher2.de)*. Aus der Räuchertonne auf Deck wird in der warmen Jahreszeit frisch geräucherter Fisch verkauft. Zu sehen ist noch der 1877 gebaute Dreimastschoner „Vidar", der als Gaststättenschiff dient.

Peenemünde: Rakete und Mahnmal

SPIELZEUGMUSEUM
Spielsachen aus drei Jahrhunderten; der größte Teil der rund 25 000 Ausstellungsstücke stammt aus der traditionsreichen Spielzeugmachergegend Sonneberg in Thüringen. Teddybären, Stofftiere und Puppen, Puppenstuben und Kaufmannsladen, Dampfmaschinen und Autos, Militärspielzeug und Spielzeug aus 40 Jahren DDR. *Feb.–Okt., Weihnachtsferien tgl. 10–18 Uhr | Museumsstr. 14 | www.usedom-spielzeugmuseum.de*

ESSEN & TRINKEN

AM DEICH
Typisches Kaffeehausambiente: Über 125 verschiedene Kaffeespezialitäten aus aller Welt, 30 Teesorten, hausgebackener Kuchen, Eis, Snacks. Im Sommer schöne Terrasse. *Tgl. | Feldstr. 1 | Tel. 038371 2 85 82 | www.usedom-hotel.de*

DIE FLUNDER
In dem Fisch- und Grillrestaurant bestimmt frischer Fisch die Karte. Auf der Sommerterrasse sitzt man direkt auf der Pier und beobachtet das maritime Treiben im Hafen. *Tgl. | Hafenpromenade 7 | Tel. 038371 2 19 95 |* €€

FREIZEIT & SPORT
Fahrgastschiffe der Apollo-Reederei fahren in der Saison zu den Inseln Greifswalder Oie (2 Std. Landgang) und Ruden (1 Std. Landgang). Für diese Fahrten ist eine Vorbestellung erforderlich! Weiterhin werden Hafenrundfahrten und Fährbetrieb nach Kröslin und Freest auf dem gegenüberliegenden Festland angeboten *(Tel. 038371 2 08 29 | www.schiffahrt-usedom.de)*. Nach Göhren, Sellin und Binz auf der Insel Rügen fahren Adler-Schiffe *(Tel. 038378 4 77 90 | www.adler-schiffe.de)*.

ÜBERNACHTEN

RESIDENZ „AM PEENEPLATZ“
15 Apartments und 7 Ferienwohnungen nahe des Peenestroms, Grillplatz und Kinderspielplatz. *Vermietung April–Sept. | Peeneplatz 4 | Tel. 038371 5 55 28 | www.residenz-peeneplatz.usedom.de |* €

TRASSENHEIDE

(113 D3) *(🕮 G–H3)* **Heide, Kiefern, Dünen und viele Einfamilienhäuser garantieren Ruhe und Entspannung.**

Trassenheide (900 Ew.) liegt etwa 1,5 km landeinwärts, vom Meer durch einen breiten Streifen Misch- und Nadelwald getrennt. In Richtung Karlshagen zieht sich das große Trassenmoor hin, eine herbe, reizvolle Moorlandschaft mit seltenen Pflanzen. Der Trassenheider Strand ist bis zu 50 m breit und flach abfallend, ideal für Familien.

SEHENSWERTES

INSIDER TIPP DIE WELT STEHT KOPF
Sie kommen Sie aus dem Staunen nicht heraus: Alles ist verkehrt! Das Dach steht auf der Erde, Tisch, Couch und Sessel, die Badezimmereinrichtung, der Küchenherd – alles hängt an der Decke. Tolle Fotomotive sind garantiert! *April–Okt. tgl. 10–18, Nov.–März 10–16 Uhr | Wiesenweg 2 | www.weltstehtkopf.de*

SCHMETTERLINGSFARM ★ ●
Tropische Schmetterlinge tummeln sich inmitten exotischer Pflanzen. Im Insektenmuseum ist auch der *Ataacus atlas* zu sehen, mit einer Spannweite von 28 cm einer der größten Schmetterlinge der Erde. *Tgl. März–Okt. 10–19, Nov.–*

Feb. 10–17 Uhr | Wiesenweg 5 | www.schmetterlingsfarm.de/usedom.htm

WILD LIFE USEDOM

Action, Wildnis, Abenteuer im großen Dschungel von Usedom. Präparierte und lebende Tiere von allen fünf Kontinenten, vom Riesenkäfer bis zum Eisbären. Terrarien in tropischer Wildnis mit Dschungelbeleuchtung und Regenwaldgeräuschen. *Mai–Okt. tgl. 9.30–19.30 Uhr | Wiesenweg 2 | www.wildlife-usedom.de*

ESSEN & TRINKEN

RESTAURANT KALIEBE

Vielfach für seine pommersche Küche und Gastlichkeit ausgezeichnetes Restaurant. Frischer Fisch und Wild je nach Saison, bodenständige Fleischgerichte wie Mecklenburger Rippenbraten mit Backpflaumen oder geräucherter Fisch aus dem Ofen. Und das alles zu annehmbaren Preisen. *Tgl. | Zeltplatzstr. 14 | Tel. 038371 5 20 | www.kaliebe.de | €–€€*

SEEKLAUSE

Maritim eingerichtetes Restaurant. Beliebt ist „Seeklauses Fischpfanne", eine Variation von Edelfischfilets an Bratkartoffeln und Salat. *Tgl. | Mölschower Weg 1a | Tel. 038371 26 70 | www.hotel-seeklause.de | €€*

FREIZEIT & SPORT

FRIESENHOF ●

Hier finden Pferdeliebhaber beste Bedingungen vor: Reithalle, großes Außengelände und zehn Friesenpferde. Für Anfänger gibt es Reitstunden, für Fortgeschrittene Ausritte im Wald und am Strand. Im angeschlossenen Hotel 13 Zimmer und 8 Familienapartments (€). *Bahnhofstr. 48 | Tel. 038371 26 10 | www.friesenhof-usedom.de*

ÜBERNACHTEN

FERIENPARK WALDPERLE

Hier ist Ruhe garantiert: Mitten im Kiefernwald hinter den Dünen befindet sich die familien- und kinderfreundliche Anlage mit neuen oder sanierten Ferienhäusern. *15 Fewo. | Zeltplatzstr. 17 | Tel. 038371 21 75 77 | www.ferienpark-waldperle.de | €*

Prachtexemplar der Schmetterlingsfarm

HOTEL UND FERIENANLAGE WALDHOF

Genau richtig für alle, die lieber die Bäume im Wald als das Meer rauschen hören. Die fünf Häuser im Landhausstil und das rohrgedeckte Hotelrestaurant liegen in einem Waldgelände abseits vom Bäderbetrieb (zum Strand 20 Min. Fußweg). Im Sommer bringen Pferdewagen die Gäste zum Strand. *105 Zi., Ap./Fewo | Forststr. 9 | Tel. 038371 5 00 | www.waldhofhotel.de | €€*

AUSKUNFT

TOURIST-INFORMATION
Strandstr. 36, im Haus des Gastes | 17449 Trassenheide | Tel. 038371 2 09 28 | www.seebad-trassenheide.de

ZIELE IN DER UMGEBUNG

BANNEMIN (113 D4) (*◫ G–H3*)
In dem Dorf an der B111 arbeiten Hartmut Schumacher mit Holz und Anette Schröder mit Ton. In einer kleinen Galerie verkaufen die Künstler ihre Arbeiten (*Zinnowitzer Str. 10 | www.usedom-keramik.de*). Der *Reiterhof Bannemin* (*www.reiterhof-bannemin.de*) bietet Unterricht sowie Kutsch- und Kremserfahrten. Ein Muss für jeden Pferdeliebhaber ist das INSIDER TIPP „Pferdetheater", ein Genuss für die Sinne mit schönen Pferden, farbenprächtigen Kostümen und Musik (*Juli/Aug. Mo, Mi 19.30 Uhr | www.pferdetheater-usedom.de*). *2 km*

WOLGASTER ORT
(112–113 C–D 4–5) (*◫ G4*)
Die flache Halbinsel Wolgaster Ort gehört zu den ruhigen Ecken Usedoms. Interessant ist die Kirche in *Krummin* (220 Ew.), das einzig erhaltene klösterliche Gebäude auf Usedom. Nach Krummin führt von der B 111 eine prachtvolle Lindenallee. Fischesser fahren weiter nach Neeberg an der Krumminer Wiek in die Gaststätte *Fischstübchen (April–Okt. tgl., Nov.–März nur Sa/So | Tel. 03836 60 33 22 | www.fischstuebchen.de | €–€€)*. Ausstellungen mit Bildern der Malerin Margret Schreiber-Gorny und Verkauf von Keramik aus der Region in der *Kleinen Galerie im Hühnerstall*. Die Künstlerin führt auch Malkurse durch und erteilt Malunterricht. Ein Kleinod ist der üppig blühende *Feng-Shui-Garten (Mai–Okt. tgl. 10–18 Uhr | Dorfstr. 10 | Tel. 0162 9 83 37 33 | www.neeberg-galerie-fengshui.de)*.

ÜCKERITZ

(114 B2) (*◫ K4–5*) **Hektische Betriebsamkeit und extravagantes Leben gibt es in Ückeritz (1000 Ew.) nicht.**
Der Ort hat im historischen, dem Achterwasser zugewandten Teil viel von seinem dörflichen Gepräge erhalten. Zum 35 m breiten Strand führt eine 1,5 km lange Straße durch Buchen- und Kiefernwald. Nichtschwimmer können hier unbesorgt

Romantik pur: Sonnenuntergang über dem Hafen von Ückeritz

bis zu 30 m weit ins Wasser laufen. Das beschaulichste Fleckchen von Ückeritz liegt am ☀ Achterwasser. Südlich davon, im Hafen Stagnieß bei Neu Pudagla, legen Schiffe zu Rundfahrten auf dem Achterwasser ab.

SEHENSWERTES

USEDOMER GESTEINSGARTEN ●

Ca. 140 Findlinge sind hier aufgereiht. Die Gletscher der letzten Eiszeit haben sie vor über 12 000 Jahren aus Skandinavien mitgebracht. *Südlich von Ückeritz am Forstamt Neu Pudagla bei der B 111 | frei zugänglich*

ESSEN & TRINKEN

INSIDER TIPP DEUTSCHES HAUS

Den guten Ruf hat sich der urige Gasthof seit über 200 Jahren erarbeitet. Überlieferte Rezepte neu interpretiert plus frische einheimische Zutaten – heraus kommt eine ideenreiche und doch traditionelle, immer aber wohlschmeckende Küche. *Di, im Winter Mo/Di geschl | Nebenstr. 1 | 100 m von der B 111 | Tel. 038375 20940 | www.deutsches-haus-ueckeritz.de* | €€

STRANDCAFÉ UTKIEK

Frischer Ostseefisch und hausgemachter Kuchen. INSIDER TIPP Gebratene Heringe, so viel Sie mögen, mit Bratkartoffeln und Salat für 8,90 Euro. *Tgl. | Am Strand | Tel. 038375 20408* | €

FREIZEIT & SPORT

Nervenkitzel pur bietet der *Kletterwald* am Forstamt Neu Pudagla; fünf verschiedene Parcours mit über 100 Kletterelementen *(April/Okt. Di–So 10–17, Mai/ Juni, Sept. tgl. 10–18, Juli/Aug. tgl. 9.30–20 Uhr | www.kletterwald-usedom.de)*. Surfen, segeln, kiten lernen Sie in der Surf-, Segel- und Kiteschule INSIDER TIPP *Windsport;* das hüfttiefe Wasser vor der Station am Achterwasser eignet sich gut für Einsteiger *(Hauptstr. 36 | Tel. 038375 20641 | www.windsport-usedom.de)*.

ÜBERNACHTEN

HUDEWALD-RESORT

Idyllisch und ruhig gelegenes Ferienresort mit komfortablen Zimmern, Bungalows und Ferienwohnungen am Küstenwald des Seebads. Schwimmbad mit Gegenstromanlage und Saunen. *50 Fewo. | Am Sportplatz 8 | Tel. 039375 22239 | www.hudewald-resort.de* | €

HOTEL GARNI NUSSBAUMHOF

Familienfreundliches Haus, toll sind die Maisonettezimmer Nr. 12 und 15. Vom Kaminzimmer hat man einen schönen Blick auf das Achterwasser. *15 Zi. | Feldstr. 2 | Tel. 038375 2380 | www.nussbaumhof.de* | €€

AUSKUNFT

TOURIST-INFORMATION

Bäderstr. 5 | Haus des Gastes 17459 Ückeritz | Tel. 038375 2520 | www.ueckeritz.de

ZEMPIN

(113 F4) (J3–4) **Zempin ist das kleinste Seebad Usedoms und hat den kürzesten Weg von der Ostsee zum Achterwasser.**

Gerade eben noch am Strand, können Sie kurz darauf den Sonnenuntergang am Achterwasser beobachten. In dem ruhigen Ort (970 Ew.) hat sich noch viel vom einstigen Fischerdorf erhalten, so z. B. die Reste alter Salz- und Heringspackhütten. Sie verstecken sich am westlichen Ende des Hauptzugangs zum Strand in den Dünen. Der Strand ist hier gut 30 m breit. Der alte Dorfkern mit rohrgedeckten Häusern liegt dem Achterwasser zugewandt. Wer Abendunterhaltung sucht, hat sich mit Zempin in der Wahl seines Urlaubsziels vergriffen.

SEHENSWERTES

UNS OLLE SCHAUL

Im Blickpunkt des kleinen Museums im einstigen Gebäude der Zempiner Grundschule steht die Einrichtung des Zempiner Kolonialwarenladens von 1928 – seinerzeit Strandstr. 6 – in dem bis 1996 noch verkauft wurde. *Mai–Sept. Mi, Sa 15–18 Uhr | Fischerstr. 11*

ESSEN & TRINKEN

KONDITOREI-CAFÉ EICHHORST

Kuchen und auch Eis kommen aus eigener Herstellung. *Tgl. | Haupt-/Ecke Fischerstraße | Tel. 038377 4 15 13*

SEEADLER

In dem kleinen, freundlichen Restaurant kommt schmackhafte gutbürgerliche Küche auf den Teller. *Tgl. | Seestr. 7 | Tel. 038377 4 26 15* | €

FREIZEIT & SPORT

HOFTHEATER ZEMPIN

„Die kleine Seejungfrau" oder „Der gestiefelte Kater": Jana Sonnenberg spielt Theater für Kinder ab vier. Einige Abende sind auch den Großen vorbehalten. Gespielt wird im Freien unter Sonnensegeln. *Juni–Okt. | Rieckstr. 8 a | Tel. 0177 8 40 43 96 | www.theater-randfigur.de*

ÜBERNACHTEN

INSELHOF VINETA

Acht Apartmenthäuser mit Doppelzimmern und Ferienwohnungen auf einem weitläufigen Gelände am Achterwasser. Bis zur Ostsee 1 km, im Sommer Shuttleservice. *50 Ap. | Dorfstr. 6a | Tel. 038377 4 27 49 | www.inselhof-vineta.de* | €€

PENSION HUBERTUS

Liebevoll im Landhausstil eingerichtete Zimmer in einer Fachwerkvilla am Küstenwald. Im windgeschützten Hofgarten sitzen die Gäste abends gern beim Wein. *8 Zi., 1 Fewo. | Waldstr. 21 | Tel. 038377 4 22 16 | www.hubertus-usedom.de* | €

LOW BUDG€T

▶ Jeden ersten Sonntag im Monat erhalten alle Besucher in den Garten und die Neue Galerie des Ateliers Otto Niemeyer-Holstein Einlass zum ermäßigten Preis. Sie zahlen dann 2 statt 4 Euro, Schüler und Studenten haben an diesem Tag freien Eintritt.

▶ Keinen Eintritt verlangen das Museum *Uns olle Schaul* in Zempin, der Gesteinsgarten in Ückeritz und das Naturschutzzentrum in Karlshagen.

AUSKUNFT

FREMDENVERKEHRSAMT
Fischerstr. 1 | 17459 Zempin | Tel. 038377 4 21 62 | www.seebad-zempin.de

ZINNOWITZ

(113 E4) (*H3*) **Das größte Seebad (3700 Ew.) im nordwestlichen Teil der Insel ist von Laub- und Kiefernwald umgeben.**
Die Strandpromenade mit viel Grün, weißem Musikpavillon und Rosenrondell gehört zu den besonders schönen auf Usedom. Auf ihr und der 315 m langen Seebrücke wird mit Vorliebe promeniert. Wem es im Sommer zu warm wird, der zieht sich zu einem Spaziergang in den Stadtpark mit seinen Schatten spendenen Bäumen zurück. Der Badetourismus begann in Zinnowitz Ende des 19. Jhs.; das *Warmbad*, heute Sitz der Tourist-Information, wurde 1892 erbaut. Der *Glienberg* schützt Zinnowitz vor den rauen Nord- und Ostwinden. Der bis zu 40 m breite Sandstrand verläuft flach ins Meer und ist ideal für Kinder. Der alte Ortsteil mit dem ältesten Haus (Mitte 18. Jh., *Neuendorfer Weg 21*) liegt jenseits der B 111.

SEHENSWERTES

BÄDERARCHITEKTUR
Pensionen und Hotels im Stil der Bäderarchitektur bestimmen weitgehend das Bild von Zinnowitz. Besonders schöne weiße Häuser stehen an der *Strandpromenade*, in der *Dünen-* und in der *Neuen Dünenstraße*. Aus der Zeit der Badgründung stammt das backsteinerne, ehemalige *Warmbad* an der Ecke *Neue Seestraße/Dünenstraße* (heute „Haus des Gastes").

INSIDER TIPP **ROSENHOF USEDOM**
Rund 3000 Rosenpflanzen betören die Sinne mit unwiderstehlichem Duft und bunter Farbenpracht. Die 12 000 m² große Anlage ist in verschiedene Bereiche unterteilt: Renaissance-Garten, Viktorianischer Garten, Senk- und Schattengarten. Besonders schön anzuschauen sind die Englischen Rosen. *April–Nov. Mo–Fr 9–18, Sa 9–13 Uhr, Führungen Mo–Sa 10.30 Uhr | Neuendorfer Weg 3 b | www.rosenhof-usedom.de*

Bäderarchitektur an der Strandpromenade von Zinnowitz

TAUCHGONDEL ●
Tauchgang trockenen Fußes in die Ostsee: 3,50 m tief senkt sich die Gondel, ein Ufo-ähnliches Ungetüm mit großen Panoramascheiben, ins Wasser, bis ca. einen Meter über dem Meeresgrund. Der 45-min. Tauchausflug beinhaltet neben Erklärungen zum Lebensraum Ostsee wechselnde 3-D-Filme über die phantastische Unterwasserwelt. *Tgl. | Mai, Sept./Okt. 10–18, Juni–Aug. 10–21, Nov.–April*

Mi–So 10–16 Uhr | am Ende der Seebrücke | www.zinnowitz.tauchgondel.de

ESSEN & TRINKEN

MS LIBELLE

An der westlichen Strandpromenade direkt in den Dünen gelegen. Das Lokal in Schiffsform mit Blick auf die Ostsee offeriert vor allem Fischgerichte. *Tgl. | Strandpromenade | Tel. 038377 4 06 94 | €€*

Spektakel auf der Ostseebühne Zinnowitz: Vineta-Festspiele

VIALES ☺

Bioprodukte der Region: Käse aus der Inselkäserei, Grünes vom Kräutergarten Pommernland, Fleisch, Wurst und Milchprodukte vom Biohof Zandershagen. Dazu ein Bistroangebot mit Suppen, Kaffee, Tee und Kuchen. *In der Saison tgl., im Winter So geschl. | Waldstr. 4 | Tel. 038377 37 99 90 | www.viales.de | €*

ZUM SMUTJE

Hier werden fangfrische Fischspezialitäten serviert. Lecker: Jasmunder Fischtopf (gedünstete Seefischfilets auf Wurzelgemüse mit Kräutersoße). *Tgl. | Vinetastr. 5a | Tel. 038377 4 15 48 | €€*

EINKAUFEN

Die Hauptgeschäftsstraße ist die *Neue Strandstraße* in der Ortsmitte von Zinnowitz. Vor allem Künstler des Nordens zeigen ihre Arbeiten im *Usedomer Kunsthaus* von Brigitte und Reinhard Meyer in der *Wilhelm-Potenberg-Str. 1 (Di–Fr 14–18, Sa 10–12 Uhr)*.

FREIZEIT & SPORT

In der *Bernsteintherme (tgl. | www.bernsteintherme.de)* werden den Gästen u. a. ein 800 m² großer Schwimmbereich mit Meerwasser, ein Solebad sowie eine Kegelbahn geboten. Wer sich sportlich betätigen möchte, ist im *Sportpark barge (Möskenweg)* richtig: Gymnastik, Tennis, Tischtennis, Kegeln, Badminton, Squash. Surf- und Segelschule am Strandaufgang unterhalb des *Hotels Baltic (www.sail-away-usedom.de)*. Windsurfen, Kiteboarding, Segeln, Kanu- und Kajakverleih auf dem Naturcampingplatz in Lütow *(www.wassersport-usedom.de)*. Von der Seebrücke legen Schiffe nach Koserow, Heringsdorf, Swinemünde und Misdroy ab *(Tel. 038378 47790 | www.adler-schiffe.de)*.

AM ABEND

Die ● *Vineta-Festspiele*, eine multimediale Theatershow der Vorpommerschen Landesbühne Anklam, erzählt Episoden aus der Geschichte der sagenumwobenen Stadt. Gespielt wird Mitte Juni bis Ende Aug. Mo, Mi, Do, Sa jeweils 19.30 Uhr auf der 1200 Zuschauer fassenden *Ostseebühne (Tickets: Tel. 03971 20 89 25 | www.vineta-festspiele.de)*. Aus einer alten Strandkorblagerhalle entstand *Die Blechbüchse – das gelbe Theater*, in dem ganzjährig Theaterinszenierungen, Konzerte, Kabarett und Kinderstücke zur Aufführung kommen *(Tickets: Tel. 03971 20 89 25 | www.blechbuechse.de)*. Möchten Sie in luftiger Höhe in der *Sinatra Cocktail-Bar (Dünenstr. 20)* den Tag ausklingen lassen, empfiehlt sich Platzreservierung.

ÜBERNACHTEN

PARKHOTEL AM GLIENBERG

Etwas abseits vom Strandtrubel wird Ihnen hier in ruhiger Lage ein gehobenes Niveau geboten. Schön ist der Wellnessbereich mit Hallenschwimmbad und finnischer Sauna. *38 Zi. | Glienbergweg 10 | Tel. 038377 720 | www.parkhotel-am-glienberg.de | €€*

VINETA HOTELS

Drei charmante Häuser an der Strandpromenade bilden ein gemeinsames Hotel: *Hotel, Residenz, Chalet*. Das Schwimmbad und der Wellnessbereich befinden sich in der *Residenz*. Der unumstrittene Star und das knuffige Maskottchen des Hauses ist INSIDER TIPP Lilly, ein Hängebauchschwein. *73 Zi. | Strandpromenade 1 | Tel. 038377 350 | www.hotel-vineta.de | €€*

AUSKUNFT

KURVERWALTUNG

Neue Strandstr. 30 | im Haus des Gastes | 17459 Ostseebad Zinnowitz | Tel. 038377 4920 | www.zinnowitz.de

ZIEL IN DER UMGEBUNG

HALBINSEL GNITZ

(113 D–E 5–6) *(🕮 H4–5)*

Der Gnitz teilt das Achterwasser von der Krumminer Wiek im Westen. Besonders bei Familien beliebt ist der *Vineta Ferienpark Lütow* mit 24 Ferienhaushälften, 7 Fewo. und 8 Zi., großem Hallenbad und vielfältigen Wellness- und Sportmöglichkeiten. *(Tel. 038377 4930 | www.vineta-ferienpark-luetow.de | €–€€)*.

Für Wassersportfreunde: segeln, surfen, kiten, paddeln mit der Wassersportschule auf dem *Campingplatz Lütow (Zeltplatzstr. 20 | Tel. 0160 96 22 48 30 | www.wassersport-usedom.com)*. Einen Besuch wert ist der reizvoll rustikale INSIDER TIPP *Galeriegarten mit Café* von Elke Hannemann. Neben hausgebackenem Kuchen und kleinen Snacks erhält man Keramik, selbstgesponnene Schafwolle und Kleidung *(tgl., im Winter nur am Wochenende | Tel. 038377 40190)*.

Der Süden der Halbinsel mit dem 32 m hohen *Weißen Berg* wurde zum Naturschutzgebiet ★ *Südspitze Gnitz* erklärt: siehe Wanderung „Auf der Halbinsel Gnitz" im Kapitel „Ausflüge & Touren". *4 km*

DER SÜDEN

Wie vor dem Zweiten Weltkrieg verbindet die mit 12 km längste Flaniermeile Europas jetzt wieder Bansin, Heringsdorf, Ahlbeck und das heute polnische Swinemünde. Auf dem früheren Grenzkontrollstreifen entstand eine 425 m² große Aussichtsplattform. Die Grenzregion ist damit weiter zusammengewachsen.

„Kaiserbäder" nennen die Touristiker die drei größten Usedomer Ostseebäder, und die werbeträchtige Bezeichnung ist nicht einmal hochgestapelt: Nach Heringsdorf kam der Kaiser viele Jahre zum Tee, in Bansin hat er (vielleicht) einmal vorbeigeschaut, in Ahlbeck ließ er sich auf der Seebrücke fotografieren. Zum Usedomer Wahrzeichen wurde das hölzerne Seebrückengebäude jedoch nicht deshalb, sondern, weil es das älteste an der Ostseeküste ist.

Die Noblesse und der architektonische Prunk wirken bis heute anziehend, die Liste der berühmten Gäste ist bis in die Gegenwart lang. Auf den Seebrücken bummelt man über den Ostseewellen und schaut dem Trubel auf dem breiten Sandstrand zu. Dazu kommen Kurkonzerte, Kaffeehausbesuche oder ein Tennismatch – das Motto vieler lautet hier: sehen und gesehen werden. Wer es ruhiger mag, sucht das Hinterland auf, fährt nach Benz, Morgenitz, Kamminke oder in den Lieper Winkel. Usedom ist mit romantischen Fleckchen reich beschenkt: malerische Buchten und stille Seen, Dörfer mit steinalten Kirchen, rohrgedeckte Häuschen.

Bild: Seebrücke Ahlbeck

Strandtrubel und Landidyll: von den belebten und beliebten Kaiserbädern zu den stillen Dörfern im Achterland

AHLBECK

KARTE IM HINTEREN UMSCHLAG
(115 E4–5) *(L–M6)* **Das Seebad (3400 Ew.) hat z. T. städtischen Charakter. Von der Seebrücke bietet sich ein fabelhafter Blick über den weißen, breiten Strand zu den hinter Bäumen versteckten Hotels und Pensionen an der Promenade.**

Der Weg führt westwärts nach Heringsdorf, ostwärts geht er in den Dünenwald über. Wenn der Wind günstig steht, vermischt sich das Meeresrauschen mit den Klängen der Kurkapelle. Schmuckstücke Ahlbecks sind die mondänen Hotels und Pensionen im Stil der Bäderarchitektur, die Ende des 19. oder zu Anfang des 20 Jhs. entstanden sind.

SEHENSWERTES

SEEBRÜCKE AHLBECK ★ ●

Das einzige wirklich historische Bauwerk dieser Art (von 1898!), das an der Ost-

Wasserspaß unter Dach: Ostseetherme Ahlbeck

seeküste Mecklenburg-Vorpommerns erhalten blieb. Das hölzerne Gaststättengebäude, ein Pavillon mit vier kurzen Türmchen, bekam sein heutiges Aussehen Anfang der 30er-Jahre des 20. Jhs. Der 280 m lange Landungssteg stammt aus dem Jahr 1993, den Vorgänger hatten Eismassen im strengen Winter 1941/42 zerstört. Sehenswert ist die historische Jugendstiluhr von 1911, die auf dem Vorplatz zur Seebrücke nicht zu übersehen ist.

ESSEN & TRINKEN

FISCHERS FRITZ

Wie der Name vermuten lässt: Hier gibt's Fisch und nochmals Fisch, so lecker und klassich zubereitet wie bei Muttern. *Tgl. | Dünenstr. 39 | Tel. 038378 8 07 05 |* € – €€

CLASSIC CONDITOREI-CAFÉ RÖNTGEN

Hausgebackene Kuchen und Torten aus Mecklenburg-Vorpommerns berühmter Konditorei Röntgen; der Renner ist die Sanddorntorte. *Tgl. | Bismarckstr. 1–2 | Tel. 038378 24 10 | www.auguste-viktoria.de*

SEEBRÜCKENPAVILLON

Tafeln über dem Wasser, für viele ein Muss. Nicht nur regionale Fisch- und Fleischgerichte werden serviert, sondern auch Tapas, das leckere spanische Fingerfood für vorneweg oder zwischendurch. *Tgl. | Tel. 038378 2 83 20 | www.seebrueckeahlbeck.de |* €€

INSIDER TIPP SUAN THAI

Ein Hauch von Asien weht über den Ostseestrand: auserlesene fernöstliche Delikatessen mit Originalzutaten und Gewürzen, zubereitet von Thaiköchen in der offenen Küche des stimmungsvollen Wintergartenrestaurants an der Promenade. *Tgl. | Dünenstr. 47 | im Seehotel Ahlbecker Hof | Tel. 038378 6 23 00 | €€–€€€*

EINKAUFEN

Annette Look-Saadi verkauft Bilder, Keramik, Glas, Stoffe *(Dünenstr. 40 | www.lebensart-usedom.de)*. Im Bürgelhaus wird die traditionelle blau-weiße Keramik aus dem thüringischen Bürgel verkauft *(Seestr. 16 | www.buergelhaus.de)*. Für Feinschmecker: Weine, Brände, Feinkostprodukte wie Biokäse aus der Inselkäserei, Tischwäsche und Geschenkartikel im *Weinladen Ahlbeck (Seestr. 1 | www.weinladen-ahl beck.de)*.

FREIZEIT & SPORT

Tennis (Flutlicht) an der Straße nach Korswandt und *Minigolf* sowie eine moderne *Skaterbahn (tgl. 8–22 Uhr)* an der Strandpromenade. An der Grenze zu Heringsdorf bietet die ★ ● *Ostseetherme (www.ostseetherme-usedom.de)* subtropischen Badespaß. Unter einer Glaskuppel befinden sich Schwimmbecken, Grottenrutsche, römisches Dampfbad, Wasserfälle sowie Luftsprudelbecken, Solarien und vieles mehr. Aus 408 m Tiefe kommt die Jodsole, mit der in der Kurabteilung Erkrankungen der Haut und der Atemwege behandelt werden können. Jeden ersten Fr im Monat *(Mai–Okt.)* wird zur INSIDER TIPP Mitternachtssauna eingeladen: Aufgüsse mit Überraschungen, FKK-Baden in der Therme und kleine kulinarische Köstlichkeiten. Der Aussichtsturm der Therme bietet einen weiten Blick.

Sind Sie schon mal INSIDER TIPP Segway gefahren? Raufstellen, nach vorn lehnen und los geht's! 40-, 60- und 90-min.Touren mit dem einachsigen Elektroroller inklusive Einweisung und Probefahren stehen zur Auswahl bei *Segtouren Usedom (Goethestr. 30 | Tel. 038378 49 80 03 | www.segtouren-usedom.de)*. Der Reiterhof *Will (Gothenweg | www.pferdehof-will.de)* lädt Reiter zu Ausritten und alle Gäste zu Kutschfahrten ein. Von der Seebrücke legen Schiffe

MARCO POLO HIGHLIGHTS

★ Seebrücke Ahlbeck
Das hölzerne Seebrückengebäude, das einzige historische an der Ostseeküste, wurde zum Wahrzeichen ganz Usedoms → S. 55

★ Ostseetherme
Badespaß in Ahlbeck für Jung und Alt – nicht nur an Schlechtwettertagen → S. 57

★ Benz
Hübsches Dorf mit Holländerwindmühle, Kirche und rohrgedeckten Häusern → S. 61

★ Golm
Kriegsgräber, Aussichtspunkt und Burgwall → S. 64

★ Schiffsausflug
Auf der Ostsee mit dem Schiff von Seebad zu Seebad reisen → S. 60

★ Bäderarchitektur
Prachtvolle Bauten aus der Kaiserzeit in Heringsdorf → S. 65

★ Seebrücke Heringsdorf
Geschäfte, Restaurants, Kino und Muschelmuseum → S. 66

nach Heringsdorf, Bansin, Koserow und Zinnowitz sowie nach Swinemünde und Misdroy ab *(Tel. 038378 47790 | www.adler-schiffe.de)*.

ÜBERNACHTEN

HOTEL GARNI EDEN

Die Villa im Stil der Bäderarchitektur steht zwar nicht in der ersten Reihe, dennoch sind es nur 100 m zum Strand. Geschmackvoll eingerichtete Zimmer. *37 Zi. | Goethestr. 2 | Tel. 038378 2380 | www.garni-eden.de | €€*

RINGHOTEL OSTSEEHOTEL AHLBECK

Direkt an der Strandpromenade mit schönem Wintergartenrestaurant und Schwimmbad. Im benachbarten *Strandschloss* gibt es auch Apartments. *82 Zi. und Ap. | Dünenstr. 41 | Tel. 038378 600 | www.ostseehotel-ahlbeck.de | €€*

ROMANTIK SEEHOTEL AHLBECKER HOF

Das Spitzenhotel der Insel! Das 5-Sterne-Haus bietet in Toplage nahe der Seebrücke luxuriöses Ambiente sowie den Asia-Spa *Kinnaree*, eine Wohlfühloase mit Pool, Saunalandschaft und Beautybehandlungen. *70 Zi., 21 Fewo. | Dünenstr. 47 | Tel. 038378 620 | www.ahlbecker-hof.de | €€€*

AUSKUNFT

TOURIST-INFORMATION

Dünenstr. 45 | 17419 Seebad Ahlbeck | Tel. 038378 499350

ZIEL IN DER UMGEBUNG

KORSWANDT (115 D5) *(🗺 L6)*

Bewaldete Höhenzüge betten den *Wolgastsee* ein, um den ein 3,8 km langer Wanderweg führt. Am Westufer werden im Dorf *Korswandt* (600 Ew.) Ruder- und Tretboote vermietet. Der Wolgastsee lädt aber auch zum Baden und Angeln. Bewährte Adresse: *Hotel-Restaurant Idyll am Wolgastsee | tgl. | 19 Zi. | Hauptstr. 9 | Korswandt | Tel. 038378 22116 | www.idyll-am-wolgastsee.de | €€ | 4 km*

BANSIN

KARTE IM HINTEREN UMSCHLAG (115 D4) *(🗺 L5)* Hübsche Pensionen, kleine Hotels und adrette Villen prägen das Erscheinugsbild von Bansin (2400 Ew.).

Fast alle entstanden sie unweit oder direkt an der Strandpromenade mit der schlichten Seebrücke von 1994, auf der Sie 285 m weit aufs Meer hinausspazieren können. Bansin war nie ein Fischerdorf, sondern von Anfang an ein Ferienort. Seine Beliebtheit resultiert nicht nur aus dem bis zu 60 m breiten, weißen und feinen Sandstrand, auch der Schloonsee und der sich bis in den Ort hineinziehende Mischwald haben maßgeblich dazu beigetragen.

SEHENSWERTES

GEDENKATELIER ROLF WERNER

Vierzig Jahre lang hat Rolf Werner (1916–89) in Bansin gelebt und gemalt. Wohnhaus und Atelier des Künstlers wurden Gedenkstätte. *Führungen tgl. 11, Di, Do, Sa, So auch 14.30 und Di 16, Mai–Sept. auch 18 Uhr | Seestr. 60 | Tel. 038378 29228*

HANS-WERNER-RICHTER-HAUS

Im historischen Feuerwehrgebäude ist ein Teil des Nachlasses des bei Bansin geborenen Schriftstellers (1908–93) zu sehen, der zusammen mit anderen Autoren 1947 die „Gruppe 47" gründete. Im

Haus wird auch der Nachlass der 2006 verstorbenen Publizistin Carola Stern aufbewahrt, u. a. ihre Berliner Bibliothek und der Schreibtisch aus ihrem Balmer Ferienhaus. Während der Saison finden freitagabends INSIDER TIPP Lesungen im *Günter-Grass-Zimmer* statt, in dem eine Reihe von Originalgrafiken des Schriftstellers hängen. *Di–So Mai–Sept. 10–12, 14–18, Okt.–April 12–16 Uhr | Waldstraße/ Ecke Bergstraße*

TROPENHAUS

Kleiner Zoo, der der gleichnamigen Ferienanlage angeschlossen ist: Exotische Pflanzen und Tiere, darunter Schlangen, Vogelspinnen, sprechende Papageien und Affen, sowie Streichelzoo und Restaurant. *April–Okt. tgl. 10–18, Nov.–März tgl. 10–16 Uhr | Goethestraße/Ecke Kirchstraße | www.tropenhaus-bansin.de*

ESSEN & TRINKEN

ACHTERDECK

In maritimem Ambiente wird kreative Küche serviert: saisonal abgestimmte Fisch-, Steak- und Pastagerichte. *Tgl. (im Winter wechselnder Ruhetag) | Strandpromenade 27 | Tel. 038378 5 52 54 |* €€

FISCHKOPP

Die Gäste können in der offenen Küche zusehen, wie der Fisch fachgerecht zubereitet wird. Als Spezialität steht der seltene INSIDER TIPP Ostseeschnäpel (auch Steinlachs) auf der Karte. *Tgl. | Seestr. 66 | Tel. 038378 8 06 23 | www.fischkopp-bansin.de |* €€–€€€

SCHLOON-IDYLL

Traumhaft der Blick von der Sonnenterrasse auf den Schloonsee. Regionale

Schönes Anwesen: Gedenkatelier Rolf Werner in Bansin

bürgerliche Küche, vor allem Fisch. Den Kuchen zum Kaffee backt der Chef selbst. *Tgl. | Bergstr. 60 a | Tel. 038378 3 38 40 | www.schloon-idyll.de* | €–€€

FREIZEIT & SPORT

Auf dem *Großen Krebssee* südlich von Bansin kann man rudern; drei Tennisplätze stehen im *Buchenpark* zur Verfügung. Kutsch- und Kremserfahrten bucht man über die Tourist-Information. Nicht nur für Landratten reizvoll ist ein ★ Schiffsausflug mit einem Seebäderschiff. Beliebt ist das ● Seebrücken-Hopping: von Bansin nach Heringsdorf und Ahlbeck oder sogar weiter bis Swinemünde *(Tel. 038378 4 77 90 | www.adler-schiffe.de)*.

AM ABEND

ATLANTIC PUB

Klönen wie im Schiffsbauch; tolles maritimes Ambiente mit Steuerhaus und Sonnendeck, das echte Bordatmosphäre aufkommen lässt. *Do–So ab 17 Uhr | Strandpromenade 18 | Eingang Bergstraße | Tel. 038378 6 06 55*

LOW BUDG€T

▶ „In die Usedomer Schweiz zum Kleiner Krebssee": Das ist eine der kostenlosen, geführten Rad- und Fußwanderungen, die die Naturparkverwaltung von Mai bis Anfang Oktober anbietet. *www.naturpark-insel-usedom.de*

▶ Jeden Mi (Okt.–März) öffnet sich 21 bis 23 Uhr das Schwimmbad im *Strandhotel Ahlbeck (www.strandhotelahlbeck.de)* zum Nachtschwimmen bei Kerzenschein und klassischer Musik. Eintritt für Nichthotelgäste nur 5 Euro, Bademantel und Handtücher inbegriffen.

ÜBERNACHTEN

ELSBETH

Die kleine Pension bietet 6 Zimmer und zwei Ferienwohnungen. Persönlicher Service und wechselnde Kunst- und Keramik-Verkaufsausstellungen. *Waldstr. 31 | Tel. 038378 2 92 31 | www.elsbeth.auf-use dom.info* | €

ÖKOLOGISCHE FERIENWOHNANLAGE SCHLOONSEE

Naturnahes Wohnen ist in den nach ökologischen Standards eingerichteten Holzhäusern in einem Kiefernwald am Schloonsee garantiert; alle 30 Häuser verfügen über einen eigenen Garten und eine Terrasse. *Am Schloonsee 1 | Tel. 038378 23 10 | www.usedomer-ferienhaus-vermietung.de* | €

OSTSEERESIDENZ SEESCHLOSS

57 schicke und komfortable, bis zu 80 m² große Ferienwohnungen, die selbst höchsten Ansprüchen genügen. In dem Neubau gibt es auch ein Schwimmbad und eine Tiefgarage. *Strandpromenade 33 | Tel. 038378 6 07 | www.ostseeresidenz-seeschloss.de* | €€

PROMENADENHOTEL ADMIRAL

Das Vier-Sterne-Hotel am Westende der Promenade zeichnet sich durch eine besonders schöne Lage und Individualität aus. Kein Zimmer gleicht dem anderen. Die Bäderstil-Villa steht etwas erhöht, von den Zimmern mit Meerblick eröffnet sich dadurch ein wundervoller Blick über die Pommersche Bucht. *70 Zi. | Strandpromenade 36/37 | Tel. 038378 6 60 | www.usedom.biz* | €€–€€€

Der Steg ist noch da, Boote dürfen auf dem Gothensee aber nicht mehr fahren

AUSKUNFT

TOURIST-INFORMATION

Haus des Gastes | An der Seebrücke 17429 | Seebad Bansin | Tel. 038378 470 50 | www.drei-kaiserbaeder.de

ZIELE IN DER UMGEBUNG

GOTHENSEE (119 D–E 2–3) (*🕮 L6*)

Mit 5,6 km² der größte See auf der Insel. Der unter Naturschutz stehende See ist maximal 2,20 m tief, mit Booten darf er nicht befahren werden. Am schilfumsäumten Ufer brüten u. a. Graugänse, Höckerschwäne, Kormorane und Kraniche, hin und wieder sind sogar Seeadler zu beobachten. Der Fischotter ist hier ebenfalls zu Hause.

MÜMMELKENSEE (119 D1) (*🕮 K5*)

Der verschwiegene Moorsee liegt nordwestlich von Bansin im Wald. Zum See führt ein Naturlehrpfad, der in Bansin am Fischerweg, einem festgefahrenen Sandweg, beginnt. Der 6,2 km lange Naturlehrpfad ist mit grünen, diagonalen Balken markiert. Im Sommer schmückt sich der See mit gelben Teichrosen, Mummel genannt, in der Verkleinerungsform Mümmelken. Graugans und Kranich brüten in dem Waldgebiet, mit etwas Glück ist auch der jagende Eisvogel zu beobachten. Besonders zahlreich kommen Schwarz- und Damwild vor.

BENZ

(114 C5) (*🕮 K6*) ★ **Die kleinen Häuser mit gepflegten Vorgärten, Sandwegen und einer Holländermühle gefielen bereits dem Künstler Lyonel Feininger, der hier 1912 seinen Skizzenblock hervorholte.**

Einige Jahrzehnte später kam Otto Niemeyer-Holstein, der Altmeister der norddeutschen Landschaftsmalerei, häufig nach Benz. Umgeben von Wald und Feldern schmiegt sich das Dorf (1000 Ew.)

In Benz steht die einzige Holländerwindmühle Usedoms

in eine schützende Senke. Das Südufer des Schmollensees reicht fast bis an die ersten Häuser heran. Gut überschauen lässt sich die Umgebung vom ● *Kückelsberg* (58,3 m) aus.

SEHENSWERTES

HOLLÄNDERMÜHLE

Sie ist der ganze Stolz von Benz: Um 1830 wurde die Windmühle auf dem Hügel hinter dem Friedhof erbaut, bis 1971 drehten sich ihre Flügel im Wind. Auch heute noch, behaupten die Benzer, könne sie mit ihrer drehbaren Haube, dem Flügelkreuz und der Windrose Korn mahlen. Zu danken ist das Otto Niemeyer-Holstein, der die Mühle 1972 erwarb und vor dem Verfall rettete.

KIRCHE ST. PETRI ●

Im Inneren leuchten 135 Sternenbilder vom Deckengewölbe in Gold, Weiß und Blau, die von einem Swinemünder Meister aus dem 19. Jh. stammen. Das Altarbild zeigt Anthonis van Dycks „Beweinung Christi" (um 1630) in einer Kopie. In den Sommermonaten finden in der Kirche Kulturveranstaltungen statt.

KUNST-KABINETT USEDOM

Eine alte Scheune ist heute beliebter Treff von Kunstfreunden. In der Galerie sind Ausstellungen zeitgenössischer Künstler zu sehen; ein Kabinett ist zu Ehren des Bauhauskünstlers Lyonel Feininger eingerichtet, der häufig auf Usedom malte. *Fr–So 11–17 Uhr | Kirchstr. 14 a | www.kunstkabinett.de*

ESSEN & TRINKEN ÜBERNACHTEN

INSIDER TIPP SCHWALBENNEST

Familiengeführte Pension, in der Haustiere willkommen sind. Hundekurse von der Schnupperstunde bis zum Hundeführerschein. Restaurant mit schmackhafter Hausmannskost *(Nov.–April Mo/Di geschl.). 10 Zi., 7 Ferienhäuser | Fritz-Behn-Str. 30 | Tel. 038379 20303 | www.usedom-schwalbennest.de* | €

ZIELE IN DER UMGEBUNG

NEPPERMIN (114 B5) (*K6*)

Eine neue, fast 300 m lange *Promenade* führt am Nepperminer See entlang, einer Bucht des Achterwassers. Am Rand von Neppermin liegt der *Golfpark Balmer See*. Direkt am Achterwasser residiert das *Golf- und Wellnesshotel Balmer*

See mit Hallenbad und verschiedenen Restaurants *(87 Zi., 70 Fewo. | Neppermin-Balm | Tel. 038379 280 | www.golfhotel-usedom.de | €€€)*. Kanus, Kajaks und Ruderboote vermietet *Andres Inselkanu* an der Badestelle Neppermin; er bietet auch geführte Touren über die geschützten Boddengewässer an *(Tel. 038379 22711 | www.inselkanu.de)*. 4 km

PUDAGLA (114 B–C4) *(K5)*
Die Windmühle östlich der Straße Mellenthin–B 111 ist die letzte Bockwindmühle Mecklenburg-Vorpommerns an ihrem Originalstandort. Bereits 1702 ist sie auf einer Karte verzeichnet. Nach der Stilllegung 1937 begann der Verfall. 1997 wurde die Mühle restauriert, sie ist wieder funktionsfähig und kann besichtigt werden *(Mai–Mitte Okt. Mo–Fr 10–16, Sa/So 13–16 Uhr | www.usedom-bockwindmuehle-pudagla.de)*. Für Tüftler ein Spaß: die INSIDER TIPP *Welt der Erfindungen.* Kennen Sie Leiterschuhe? Eine einziehbare Duschkabine? Ein Stehfahrrad mit Steppantrieb? Diese und 120 andere geniale, z. T. kuriose Erfindungen sind hier zu entdecken *(tgl. April–Okt. 10–18, Nov.–März 10–16 Uhr | Gewerbegebiet 1 | www.weltdererfindungen.de)*. 6 km

DARGEN

(114 B–C6) *(K7)* **Der beschauliche Ort (600 Ew.) südlich der B 110 rückte durch ein Museum und das Wisentgehege ins touristische Interesse.**

Aus dem Mittelalter erhalten blieben einige Trogmühlen um den Dorfteich und auf dem Grundstück Haffstr. 20. Im Zweiten Weltkrieg spielte der Minihafen (1,6 km in Richtung Süden), als Umschlagplatz für das Munitionsdepot in der Mellenthiner Heide eine wichtige Rolle, heute döst er in stiller Abgeschiedenheit vor sich hin.

SEHENSWERTES

TECHNIK & ZWEIRADMUSEUM

Vieles von dem, was einst über die Straßen der DDR knatterte, ist hier zu sehen: Traktoren, PKW, Zweiräder, NVA-Technik, Feuerwehrtechnik. Gezeigt wird auch ein Regierungsbus *Ikarus 22 SL*. Außerdem geben Konsumgüter und Haushaltsgegenstände Einblicke in den DDR-Alltag. *April–Okt. tgl. 10–18, Nov.–März 11–15.30 Uhr | Bahnhofstr. 7 | www.museumdargen.de*

ALGEN UND HONIG

Im *Maritim Hotel Kaiserhof* in Heringsdorf lässt man sich mit vitaminreichen Algen und feinen Ölen verwöhnen und badet in Meerwasser mit Milch und Honig. Wer sich wie im Märchen aus 1001 Nacht fühlen möchte, lässt es sich im orientalischen *Shehrazade* in der *Ostseeresidenz Seebad Heringsdorf* gutgehen. Man badet wie Kleopatra, schwitzt wie ein Sultan, lässt sich im Schwimmbad von der Unterwassermusik berieseln und genießt einen Wellnesscocktail an der Vitaminbar. Eine Orientierung im Dschungel der Angebote bietet das Qualitätssiegel des Deutschen Wellness-Verbandes. Usedom hat mit 14 zertifizierten Wellnesshotels die höchste Dichte europaweit. Rund 1500 Gütekriterien umfasst die Testliste für das Premiumsiegel.

WISENTGEHEGE
Die großen und kräftig gebauten zotteligen Wisente, die in einem Gehege am Rand der Mellenthiner Heide leben, erreichen im Galopp eine Geschwindigkeit von bis zu 60 km/h. 2004 sind sie vom Nationalpark Wollin gekommen; inzwischen haben sich die Tiere so gut eingelebt, dass sie jedes Jahr für Nachwuchs sorgen. *Ostern–Okt. tgl. 10–17 Uhr | Prätenow, 1,5 km westlich von Dargen | www.usedomer-wisente.de*

ESSEN & TRINKEN ÜBERNACHTEN

GASTHOF T'N EIKBOM
Das Ehepaar Butz führt den kleinen Gasthof sehr persönlich. Im Angebot ist – fast immer – *das* probierenswerte Gericht der regionalen Küche: mit Backpflaumen gefüllter Schweinerippenbraten, serviert mit Rotkohl und Salzkartoffeln. *5 Zi. | Mitte Mai–Mitte Sept tgl., sonst Di geschl. | Haffstr. 19 | 17419 Dargen | Tel. 038376 2 04 21 | www.eikbom.de | €*

ZIELE IN DER UMGEBUNG

GOLM ★ (115 E6) (*M7*)
Der Berg, mit 69 m die höchste Erhebung Usedoms, wurde zu einem der größten Kriegsgräberfriedhöfe Deutschlands. Das schlichte Ehrenmal erinnert an 23 000 Opfer des Bombenangriffs der Alliierten auf Swinemünde vom 12. März 1945, von denen die meisten am Golm bestattet wurden. Ihre letzte Ruhestätte fanden hier auch Angehörige der Deutschen Wehrmacht. In einem kleinen Pavillon ist eine Ausstellung über die Geschichte des Golm zu sehen *(Mitte März–Mitte Nov. tgl. 9–18 Uhr | www.golm-usedom.de)*.
Der Golm liegt bei *Kamminke* (400 Ew.) am südöstlichen Ende des deutschen Teils von Usedom. Eine schmale Straße führt zum Hafen, wo Fischerboote und zum Trocknen aufgehängte Netze zeigen, dass hier noch gefischt wird. *15 km*

THURBRUCH
(108–109 C–D 5–6) (*K–L 6–7*)
Schnurgerade Entwässerungsgräben zerschneiden die Moorlandschaft des Thurbruchs, in dem 1962 das letzte Torf gestochen wurde. Zu DDR-Zeiten wurde das Thurbruch trockengelegt, um es landwirtschaftlich zu nutzen. Bei Kachlin rekonstruierte man das letzte Windkraftschöpfwerk. Als technisches Denkmal kündet es von den langen Bemühungen um die Trockenlegung des Gebiets. *3 km*

HERINGS-DORF

KARTE IM HINTEREN UMSCHLAG
(115 D4) (*L5–6*) **„Nizza des Ostens" wurde Heringsdorf (3600 Ew.) einst genannt, denn bis zum Zweiten Weltkrieg war es das Modebad der deutschen Aristokratie und Finanzwelt.** Typisch für Heringsdorf sind prunkvolle Hotelvillen in Parkanlagen. Fast alle wurden in den letzten Jahren restauriert und bieten jetzt modernen Komfort. Und jede von ihnen hat ihre Geschichte, so auch die *Villa Staudt (Delbrückstr. 7)*. In ihr weilte mehrfach Kaiser Wilhelm II. zum Tee bei der Konsulswitwe Elisabeth Staudt; zu DDR-Zeiten diente es der SED als Erholungsheim für Funktionäre. Schilder an Zäunen und Häusern erinnern an weitere Promis aus Politik und Kultur, die im Seebad zu Gast waren. Nach dem Zweiten Weltkrieg umgaben die Sowjets große Teile von Heringsdorf mit einem Zaun und nutzten die Pensionen und Hotels als Sanatorien. Zurück ließen sie das im Stil der Stalinzeit errichtete Kulturhaus,

das in das *Forum Usedom* integriert wurde. Heringsdorf ist heute wieder das Sahnestück unter Usedoms Seebädern mit prachtvollen Villen, superfeinem Strand, viel Kultur, Wald am Ortsrand und einer Seebrücke von über 500 m Länge.

Hier lebte und arbeitete Maxim Gorki: das „arabische Zimmer" im Museum Villa Irmgard

SEHENSWERTES

BÄDERARCHITEKTUR ★ ●

Zu Kaisers Zeiten, zwischen 1890 und 1914, entstanden viele der Hotels, Pensionen und Villen. Eine Augenweide sind die 1883 im griechisch-römischen Stil gestaltete Villa des jüdischen Bankiers Oechsler mit einem Mosaikbild des Venezianers Antonio Salvati im Dreieckgiebel der Nordseite *(Delbrückstr. 5)*, das nach dem Vorbild palladianischer Villen erbaute Haus Oppenheim *(Delbrückstr. 10)*, in dem in den Sommermonaten 1909–12 der Maler Lyonel Feininger wohnte, sowie die 1890 für den Bankier Bleicheröder errichtete Villa *(Delbrückstr. 14)*. Weitere sehenswerte Häuser stehen in der *Maxim-Gorki-*, in der *Kulm-, Bülow-* und *Friedensstraße.*

MUSCHELMUSEUM

Hier sind ca. 3000 Muscheln, Schneckenhäuser und Korallen sowie Schiffsmodelle zu bewundern. Im Muschelbasar finden Sie sicher ein passendes Souvenir. *Tgl. 10–18, im Sommer bis 21 Uhr | Seebrücken-Landgebäude*

MUSEUM VILLA IRMGARD

Museum für Literatur- und Regionalgeschichte. 1922 wohnte hier der russische Dichter Maxim Gorki, um sein Lungenleiden zu kurieren, und arbeitete im „arabischen Zimmer". In diesem bewahrte der weit gereiste Villenbesitzer seine Reiseandenken aus dem Orient und aus Afrika auf. *Di–So 10–16 Uhr | Maxim-Gorki-Str. 13*

NATURERLEBNISWELT INSEL USEDOM

Ein bunter Querschnitt durch 500 Mio. Jahre Naturgeschichte: Fische, Insekten, Fossilien, Mineralien, Terrarien mit Insekten und Aquarien mit tropischen Süßwasserfischen. Das Highlight: eine 5 t schwere, 50 Mio. Jahre alte Riesendruse aus Brasilien (Drusen nennt man Steine mit einem Hohlraum, dessen Wände von kristallisierten Mineralen bedeckt sind). *Tgl. 10–18 Uhr | Neuhofer Str. 75 | www.naturerlebniswelt.de*

SEEBRÜCKE HERINGSDORF ★

Mit 508 m ist sie die längste bewirtschaftete Seebrücke Kontinentaleuropas. Ins Landgebäude zogen Muschelmuseum, Kino, Café, Restaurant und Geschäfte, im Brückenkopf mit dem pyramidenähnlichen Dach fanden Restaurants Platz. Die Brückenanlage, zu der auch Ferienwohnungen gehören, gilt mit der von Sellin auf Rügen als prachtvollste der Ostseeküste; das war sie auch bis 1958 schon, als sie durch Brandstiftung zerstört wurde *(www.seebruecke.heringsdorf.de).*

VOLKSSTERNWARTE „MANFRED VON ARDENNE"

Die Sternwarte ist ein Geschenk des 1998 verstorbenen Dresdner Wissenschaftlers, der die Sauerstoff-Mehrschritt-Therapie entwickelte und in den 1960er- und 70er-Jahren zu Heringsdorfs treuen Sommergästen zählte. *Strandpromenade, in den Dünen neben dem Sportplatz | Tel. 038378 471650 | www.sternwarte-usedom.de*

ESSEN & TRINKEN

BIO-ESSBAR

Die etwas andere Art zu genießen: In stylishem Ambiente wird eine moderne, ernährungsbewusste Küche unter Verwendung regionaler Produkte und von (vorrangig) Bio-Erzeugnissen geboten. *Tgl., Sept.–Mai So geschl. | Delbrückstr. 1–4 | Tel. 0172 4475160 | www.bio-essbar.de | €*

Hier kann man's aushalten – Wintergarten des Maritim Hotels Kaiserhof

TOM WICKBOLDT RESTAURANT

Für Gourmets und Genießer: Hierher geht man, um mit allen Sinnen zu genießen. Der Gourmetkoch hat sich der gehobenen französischen Küche verschrieben und überrascht immer wieder mit neuen Kreationen. Wickboldt verwendet nur frische und meist regionale Produkte. *Mi–Sa, nur abends | Seestr. 5 (im Romantik Hotel Esplanade) | Tel. 038378 700 | www.seetel.de | €€€*

USEDOMER BRAUHAUS

Im rustikalen Ambiente kommt deftiges Essen auf den Tisch. Sechs verschiedene Sorten selbstgebrauten Bieres und hauseigene Edeldestillerie. Wer sich beim Bier nicht sofort entscheiden mag, bestellt ein INSIDER TIPP Probebier im 0,1-l-Glas. *Tgl. | Platz des Friedens | Tel. 038378 61421 | www.usedomer-brauhaus.de | €*

WEHRMANNS „ALT-HERINGSDORF"

Kreative, frische Bistroküche: leckere Pasta, Fisch und Steaks sowie Flammkuchen; die Pasta stellt ein kleines Familienunternehmen in Italien in Handarbeit her. *Tgl. | Kulmstr. 7a | Tel. 038378 54201 | www.strandhotel-ostseeblick.de | €–€€*

WINTERGARTEN MIT BIBLIOTHEK ●

Kaffee und Kuchen, kleine Gerichte und ein fabelhafter Blick auf die Ostsee. Kuschelig ist es am Kamin; mit einem guten Buch – rund 2000 stehen in der Bibliothek zur Auswahl – in der Hand, vergeht die Zeit wie im Fluge. *Tgl. | Kulmstraße | im Maritim Hotel Kaiserhof | Tel. 038378 650 | www.maritim-usedom.de*

EINKAUFEN

22 Geschäfte laden in einer glasüberdachten *Passage auf der Seebrücke* zum Einkaufsbummel. Im Landgebäude auf der rechten Seite verkauft das *Muschelmuseum* eine große Auswahl maritimer Souvenirs. Deutsche und mediterrane Wein- und Feinkostkultur bringt Berlins Traditionshaus *Lutter & Wegener* an den Usedomer Ostseestrand *(Kulmstr. 3)*. Groß ist das Angebot im Geschäft *Brunnenstr. 10* der seit 1925 bestehenden *Heringsdorfer Strandkorbfabrik;* auch extravagante Modelle sind vorhanden: z. B. Körbe mit schwenkbarem Bistrotisch oder eingebautem Radio *(www.heringsdorfer-ambiente.de)*.

FREIZEIT & SPORT

Öffentliche Tennisplätze gibt es am Rennbahnweg, Minigolf wird an der Kurpromenade gespielt. Es gibt einen Bootsverleih sowie im Einkaufscenter *Kaiserhof Atlantic* sechs Bowlingbahnen. Im Winter zählt Eislaufen zu den sportlichen Angeboten *(Tel. 0173 2584274 | www.eisarena-insel-usedom.de)*.

Wie in einem orientalischen Märchen fühlt man sich in der 1200 m² großen Wellnessoase ● *Shehrazade* auf zwei Ebenen – Entspannung pur im Schwimmbad, im osmanischen Dampfbad, in orientalisch eingerichteten Behandlungsräumen und im Beduinenzelt. Auch Nichthotelgäste sind willkommen. *(Seestr. 41 | in der Ostseeresidenz Seebad Heringsdorf)*. Von der Seebrücke legen Schiffe nach Bansin, Koserow und Zinnowitz sowie nach Ahlbeck, Swinemünde und Misdroy ab *(Tel. 038378 47790 | www.adler-schiffe.de)*.

AM ABEND

Im *Chapeau Rouge*, dem roten, 250 Zuschauer fassenden Theaterzelt der Vorpommerschen Landesbühne Anklam, finden von Mai bis September über 200 Veranstaltungen statt. Bunt ist das Programm: Theater, Artistik, Jazz und Puppenspiel; das Zelt steht an der östlichen Kurpromenade *(www.chapeau-rouge.de)*. Im *Forum Usedom* liegt der historische Kursaal, in dem kulturelle und gesellschaftliche Veranstaltungen geboten werden, sowie das *Spielkasino*. Ein *Kino* ist auf der Seebrücke untergebracht. Der Abend klingt aus bei Cocktails in der *Coco Lounge (tgl. ab 19 Uhr | Friedensstr. 13 | Tel. 038378 33 68 85 | www.cocolounge-usedom.de)*.

ÜBERNACHTEN

MARITIM HOTEL KAISERHOF

Tolle Lage an der Strandpromenade nahe der Seebrücke; helle freundliche Zimmer, die meisten mit Seeblick. Herausragend die Wellnessoase auf drei Etagen mit Meerwasserschwimmbecken und Saunalandschaft, Thalassozentrum, Außenpool mit Liegeterrasse auf dem Hoteldach mit Blick aufs Meer. *143 Zi. | Strandpromenade | Tel. 038378 6 50 | www.maritim-usedom.de* | €€€

OSTSEEPARK

Von der Ostsee trennt Sie hier nur die Strandpromenade. Die Apartmentanlage verfügt über Wohnungen unterschiedlicher Größe, rustikal mit Holzmöbeln ausgestattet. Kein Problem, wenn das Wetter mal nicht mitspielt: Schwimmbad, Saunen und Fitnessraum befinden sich im *Captains Haus. 24 Ap. | Seestr. 30 | Tel. 038378 33 56 57 | www.ostseepark-usedom.de* | €€–€€€

POMMERSCHER HOF

Seit Jahren setzen die Gäste den *Pommerschen Hof* im Wettbewerb „Beliebteste Hotels Deutschlands" auf einen der vordersten Plätze. *93 Zi. | Seestr. 41 | Tel. 038378 6 10 | www.pommerscherhof.de* | €€€

UPSTALSBOOM HOTEL OSTSEESTRAND

Ein Haus an der Strandpromenade, in dem keine Wünsche offen bleiben. Viele Allergikerzimmer. 1000 m² großer Spa-Bereich mit Schwimm- und Dampfbad, Saunen und Beautyanwendungen. *99 Zi. | Eichenweg 4–5 | Tel. 038378 6 30 | www.allergotel.de* | €€€

AUSKUNFT

TOURIST-INFORMATION

Kulmstr. 33 | 17424 Seebad Heringsdorf | Tel. 038378 24 51 | www.drei-kaiser baeder.de

LIEPER WINKEL

(118 A–B 1–2) (*HJ5*) **Das ist der rechte Ort, um die Seele baumeln zu lassen. Die Halbinsel zwischen Peenestrom und Achterwasser gehört zu den ruhigsten und am dünnsten besiedelten Ecken Usedoms.**

Wer ungestört radeln oder Vögel beobachten möchte, wählt den Lieper Winkel mit den Dörfern Rankwitz, Quilitz, Warthe und Liepe als Reiseziel. Quilitz besitzt ein Steilufer, von dem aus man über den Peenestrom bis zur Stadt Usedom blicken kann, und in Liepe steht die einzige Kirche des Lieper Winkels.

SEHENSWERTES

HEIMATHOF LIEPER WINKEL

Trachten, Fischereigeräte und eine original eingerichtete Bauernküche verraten einiges über das einst ziemlich karge Leben der Menschen in dieser stillen Usedomer Region. *Geöffnet nach Absprache unter Tel. 038372 7 05 35 | Rankwitz*

ESSEN & TRINKEN

ZUR ALTEN FISCHRÄUCHEREI

Hier werden Räucherfisch aus der eigenen Räucherei sowie Brat- und Kochfischgerichte serviert. Die Forellen stammen aus der eigenen Zucht. *Am Hafen | Rankwitz | Tel. 038372 705 21 | www.usedomer-feinfisch.de* | €

Ländliches Bilderbuchidyll im Lieper Winkel

FREIZEIT & SPORT

Von März bis Oktober können Sie auf einer Wiesenfläche bei der Ferienanlage *Storchennest* in Reestow Swingolf spielen, eine vereinfachte und schneller zu erlernende Variante von Golf, abgeleitet von einem bäuerlichen Spiel aus Frankreich *(www.swingolf-usedom.de)*.

ÜBERNACHTEN

AM ACHTERWASSER

Kleine, ruhige Ferienanlage mit 13 Wohnungen in vier Fachwerkhäusern. *Dorfstr. 12 | Warthe | Tel. 038372 75 20 | www.am-achterwasser.de | Ferienanlage* € | *Restaurant* €–€€

FERIENANLAGE ZUM STORCHENNEST

Familienfreundliche Ferienanlage zwischen Feldern, Wiesen, Bäumen. Die Frühstückseier kommen von der eigenen Hühnerfarm. Eine Besonderheit ist die INSIDER TIPP Papageien-Zuchtanlage. *12 Fewo. | Ballitzer Weg 2–3 | Tel. 038372 769 00 | www.middeke-usedom.de* | €

MELLENTHIN

(118 C3) (*J6*) **Im südlichen Inselteil, zwischen dem Städtchen Usedom und den drei Kaiserbädern, liegt Mellenthin (460 Ew.), ein dörfliches Idyll.**

Dazu gehören Kopfsteinpflaster, alte Bäume und das auf dem einstigen Gutshof brütende Storchenpaar. Für Touristen anziehend sind die Kirche und das Wasserschloss mit einem Park hinterm Wassergraben.

SEHENSWERTES

INSIDER TIPP BOTANISCHER GARTEN USEDOM

Vielfältiger Blütenzauber fasziniert in dem liebevoll angelegten Garten mit mehr als 70 000 einheimischen Pflanzen. Ruhebänke und Pavillons, ein Teichsystem mit Bachläufen sowie eine große Picknickwiese laden zum Entspannen ein. *April, Okt. tgl. 9–18, Mai, Sept. 9–19, Juni–Aug. 9–20, Nov.–März 9 Uhr bis Einbruch der Dunkelheit | Chausseeberg 1 (an der B 110 Abzweig Mellenthin) | www.usedoms-botanischer-garten.de*

KIRCHE

Das spätgotische Gotteshaus gilt als das reizvollste Usedoms. 12 Zentner (600 kg) wiegt die schwere Grabplatte von 1594 im Kirchenschiff. Sieben starke Männer mussten zupacken, als sie 1931 vom Chorraum an ihren jetzigen Platz transportiert wurde. Auf der Reliefplatte zu sehen sind der Bauherr des Wasserschlosses Rüdiger von Neuenkirchen und seine Frau.

WASSERSCHLOSS

Der zweigeschossige Backsteinbau der Renaissance entstand zur Mitte des 16. Jhs. Es ist der bedeutendste historische Profanbau auf der Insel Usedom. Die mächtigen Eichen am Wassergraben haben ein Alter von etwa 200 Jahren. Nach einer wechselvollen Geschichte mit Verfall und Fremdnutzung ist das Schloss seit einigen Jahren mit einem Hotel-Restaurant zu neuem Leben erweckt worden.

Wehrhafte Renaissance-Anlage: Wasserschloss Mellenthin

ESSEN & TRINKEN

RESTAURANT & CAFÉ SCHLOSS MELLENTHIN

Hier können Sie selbst gebackenen Kuchen und gutbürgerliche Küche genießen. Im Sommer wird zweimal wöchentlich (im Winter einmal) zum opulenten INSIDER TIPP mittelalterlichen Ritterbüfett mit Livemusik und Gauklern geladen. *Tgl. | Tel. 038379 2 87 80 | www. wasserschloss-mellenthin.de* | €€

WIRTSHAUS ALTE SCHMIEDE

Steaks auf dem Schmiedefeuer und frisches Brot aus dem eigenen Backofen. In fünf Schmiedestuben kommt dem Ambiente entsprechend Rustikales auf den Tisch. Im *Hofladen* werden Naturprodukte wie zu Omas Zeiten und Biolebensmittel verkauft. *Tgl. | Morgenitzer Berg 8 | Tel. 038379 2 07 00 | www. alteschmiede-usedom.de* | €

ÜBERNACHTEN

GUTSHOF INSEL USEDOM

Der Mellenthiner Gutshof bietet 20 Nichtraucherzimmer und 4 Maisonette-Ferienwohnungen. Lecker sind die im Restaurant angebotenen, hausgemachten Vollkornwaffeln. *Tel. 038379 2 07 00 | www.gutshof-usedom.de* | €€

WASSERSCHLOSS MELLENTHIN

Im Westflügel der Schlossanlage sind moderne, liebevoll eingerichtete Zimmer entstanden. Es gibt einen schönen Wellnessbereich mit Saunen und Anwendungen sowie ein Wintergarten als Ruhebereich. *26 Zi. | Dorfstr. 25 | Tel. 038379 2 87 80 | www.wasserschloss-mellenthin. de* | €€

ZIEL IN DER UMGEBUNG

MORGENITZ (118 B3) (*🕮 J6*)

Das kleine Dorf (230 Ew.) an einer langgestrecken Bucht des Achterwassers würde kaum interessieren, wenn es nicht die Sammlung alter Trogmühlen gäbe, die ein Dorfpfarrer um die Kirche aufstellen ließ. Von Interesse ist auch der Findling vor dem Gotteshaus, den 16 Pferde vom Gothensee hierher zogen. Wer ein Souvenir mitnehmen möchte: Fayencen, lehm- und holzascheglasiertes Steinzeug sowie Gebrauchsgeschirr fertigt *Astrid Dannegger (Dorfstr. 8 | www. keramik-morgenitz.de)*. *9 km*

USEDOM

(118 A4–5) (*🕮 H7*) **Die einzige Stadt der Insel (1900 Ew.) ist ein liebenswerter und beschaulicher Ort geblieben.** Sie vermochte nicht aus dem Schatten der Seebäder zu treten; in mancher Ecke glaubt man sich in frühere Jahrhunderte zurückversetzt. Kopfsteinpflaster und kleine, hell getünchte Häuser, die sich aneinanderschmiegen, bestimmen das Stadtbild. Das *Anklamer Tor*, das Wahrzeichen des Städtchens, wurde um 1459 erbaut und ist der Rest der mittelalterlichen Stadtbefestigung. Mitten auf dem Marktplatz steht die ein wenig groß geratene *Marienkirche*. Geschichtsträchtig ist der *Schlossberg*, auf dem 1128 Bischof Otto von Bamberg auf seiner zweiten Missionsreise die Slawenfürsten zum Christentum bekehrte. An dieses Ereignis erinnert das große Kreuz aus weißem Granit.

SEHENSWERTES

NATURPARKAUSSTELLUNG

Eine Ausstellung informiert über Flora und Fauna der Insel. Präparierte, heimische Vögel sind ebenso zu sehen wie ein 250-fach vergrößertes Möwenei. Mitarbeiter der Naturwacht bieten interessante Touren zu Fuß oder mit dem Fahrrad zu dem Usedomer Naturschutzgebieten. *Mai–Sept. Mo–Fr 10–18, Sa 10–15, Okt.–April Mo–Fr 10–16 Uhr | Bäderstr. 5 | Klaus-Bahlsen-Haus an der B 110 | www. naturpark-insel-usedom.de*

ESSEN & TRINKEN ÜBERNACHTEN

NORDDEUTSCHER HOF

Kleines Hotels am historischen Markt. Wer schon immer mal Wasserbetten ausprobieren wollte: Einige Zimmer sind mit den schaukelnden Liegestätten ausgestattet; im Restaurant *(Nov.–März So geschl., sonst tgl.)* stets frischer Fisch auf der Karte. *8 Zi. | Markt 12 | Tel. 038372 7 02 66 | www.norddeutscherhof.de | €*

EINKAUFEN

Bei *Antiquitäten & Lebensart (Swinemünder Str. 68)* sind antiquarische Bücher, Möbel, Gemälde und Schallplatten, Delikatessen und Wein zu kaufen. Eine erlesene Auswahl an Naturwaren hat *De Spinndönz (Markt 16 | www.spinndoenz.de)*: handgesponnene Wolle, Pullover, Strickjacken, Wollteppiche, Leinen und halbleinene Tischwäsche, Öko-Kuscheltiere aus Wolle und Schaffelle. Wer sich kreativ betätigen möchte, kann auch Spinn- und Webkurse buchen. Das Käsen hat Steffen Schultze in der Schweiz gelernt. In seiner INSIDER TIPP *Inselkäserei* in einem Vierseithof stellt er nach diesen Traditionen Rohmilchkäse

her, der im Hofladen verkauft wird, Kostproben inklusive; auch ein Blick in die Produktionsräume ist möglich. Seinen köstlichen besonderen Geschmack erhält der Käse durch das Brennen auf Holzfeuer *(Dorfstr. 30 | Welzin | Tel. 038372 7 61 39 | www.inselkaeserei.de).*

FREIZEIT & SPORT

Zum INSIDER TIPP Segeltörn übers Stettiner Haff startet Rika Harder mit dem Zeesenboot „Romantik" vom Usedomer Ha-

SAFARI IM LANDROVER

Auf dem Dach des Landrovers sind die Mountainbikes verkettet, das Schlauchboot oder die Kajaks sind angehängt, und jeder der achtköpfigen Jeepbesatzung, die manchmal gehörig durchgeschüttelt wird, bekommt ein Fernglas umgehängt. Der Naturpark Usedom hat viele z. T. noch unberührte Ecken. Die *Insel-Safari*-Betreiber Uwe, Hagen und Gunnar Fiedler führen Touristen mit dem Landrover dorthin. Picknickpausen unter freiem Himmel und zünftiges Grillen gehören auch dazu. Neben naturkundlichen Tagestouren bieten sie auch solche für zwei oder drei Tage auf und um Usedom an. *Insel-Safari | Tel. 03836 2 03 90 (AB) | Handy 0172 3 16 66 34 | www.insel-safari.de*

Seit dem Zweiten Weltkrieg nur noch Ruine: Reste der Eisenbahn-Hubbrücke bei Karnin

fen aus. Zeesenboote sind flachgehende, dickbäuchige Fischerboote mit braunen Segeln, die für die flachen Küstengewässer konstruiert wurden. Die letzten von ihnen wurden restauriert und laden jetzt Touristen zu Rundfahrten ein. *Tel. 0173 6 07 97 68 | www.zeesenboot.de*

AUSKUNFT

STADTINFORMATION

Bäderstr. 5 | im Klaus-Bahlsen-Haus an der B 110 | 17406 Usedom | Tel. 038372 7 08 90 | www.stadtinfo-usedom.de

ZIELE IN DER UMGEBUNG

KARNIN (117 F5–6) (*H8*)

Was in der Nähe von Karnin riesig aus dem Wasser ragt, sind die Reste der 600 m langen Eisenbahn-Hubbrücke, die Usedom mit Kamp auf dem Festland verband. Die gewaltige, 1930–32 errichtete Stahlkonstruktion war Europas größte und modernste Eisenbahn-Hubbrücke. Deutsche Wehrmachtsangehörige sprengten die Brücke in den letzten Tagen des Zweiten Weltkriegs; die Sowjets ließen die 45,5 km langen Gleisanlagen von Ducherow nach Swinemünde als Reparationsleistung demontieren. Den vom Verfall bedrohten Karniner Bahnhof (um 1900) restaurierten Usedomer Eisenbahnfreunde. Von Mai bis September schippert das kleine INSIDER TIPP Fährboot „Lisa" von Karnin nach Kamp auf dem Festland *(Tel. 0177 2 83 45 04)*. *2 km*

STOLPE (118 B5) (*J7*)

Etwas abseits vom Dorf entstand die INSIDER TIPP ökologische Ferienanlage *Stolperhof* mit 14 Zimmern, die hier Kammern heißen, sowie Pferden, Kühen, Schafen, Ziegen, Gänsen, Tauben und dem Schwein Arabella. Es gibt eine Bauernküche zum Mitmachen, einen Bauerngarten, eine Liegewiese, einen Back- und Holzplatz *(Ausbau 1 | Tel. 038372 7 10 81 | www.stolperhof.de | €)*. Maja, Freddy, Mia, Paulchen und Uhu sind die Stars auf dem *Falknerhof*. Erleben Sie Falken, Bussarde, Steinkäuze und Uhus bei den Flugvorführungen *(April–Okt. tgl. 10.30 und 14.30 Uhr | Landweg 1 (im Stolperhof) 7 | Tel. 0151 19 34 75 98 | www.usedomer-falknerei.de)*. *5 km*

GREIFSWALDER OIE UND RUDEN

Hier steht die Natur an erster Stelle: Kein Restaurant und Café, keine Übernachtungsmöglichkeit und keine Toilette – nicht einmal eine Imbissbude gibt es auf der Greifswalder Oie und dem Ruden. Alles Mitgebrachte muss wieder mitgenommen werden, selbst das Pilzesuchen oder Blaubeerenpflücken ist nicht gestattet.

Beide Inseln stehen unter Naturschutz. Jahrzehntelang waren die Greifswalder Oie und der Ruden militärisches Sperrgebiet, Touristen konnten sie nur vom Festland aus mit dem Fernglas betrachten. 1937 richteten sich zunächst die Peenemünder Raketenforscher auf den Inseln ein, nach dem Zweiten Weltkrieg nahm die Rote Armee sie in Besitz, später waren hier Grenztruppen der DDR stationiert. Die 54,7 ha große Greifswalder Oie wird gern das „Helgoland der Ostsee" genannt, der 27 ha große Ruden diente jahrhundertelang, bis 1972, als Lotseninsel. Beiden Inseln hat die Natur in den vergangenen Jahrhunderten arg mitgespielt, unaufhörlich nagten Sturm und Wasser an ihren Uferrändern. Die Greifswalder Oie verlor allein 1690–1728 fast ein Viertel ihrer Fläche, der Ruden soll heute nur noch ein Drittel so groß wie vor 300 Jahren sein.

Ohne das Eingreifen der Menschen seit dem vorigen Jahrhundert würde es die Insel Ruden heute nur noch als Sandbank geben. Als Naturkleinode stehen beide, die Greifswalder Oie und der Ruden, unter Schutz. Die markierten Rundwege dürfen deshalb nicht verlassen werden.

Bild: Mischwald auf der Greifswalder Oie

Aus streng abgeriegelten Militärbereichen wurden idyllische Naturschutzgebiete mitten in der Ostsee

GREIFSWALDER OIE

(0) (🗺 0) ● **1550 m in der Länge misst die Greifswalder Oie, an der breitesten Stelle sind es 570 m. Das 12 km nördlich von Usedom gelege Inselchen hat damit etwa die Größe des Fürstentums Monaco.**

Die Greifswalder Oie ist im südlichen Ostseeraum die östlichste Insel in der freien Ostsee, denn vor den Küsten Polens, Litauens und Lettlands gibt es keine Inseln. Im Frühjahr überzieht ein Blütenteppich das Eiland, im Herbst reifen Brombeeren, Hagebutten, Haselnüsse, Birnen und Äpfel, und im Wald blüht massenhaft der Bärlauch.

Nach dem Ersten Weltkrieg war die Greifswalder Oie für einige Jahre von Usedom und Rügen aus ein beliebtes Ausflugsziel, bis die Peenemünder Raketenbauer, danach die Sowjetarmee und später die DDR-Grenztruppen sie in

Beschlag nahmen. Als im Februar 1991 die letzten Militärs abgezogen waren, gab es um die Zukunft der Greifswalder Oie viel Gerangel. Ein Hamburger Unternehmer wollte einen Flughafen für Sportflieger errichten, ein belgischer Geschäftemacher bot 2,5 Mio. Euro, um aus dem rauen Eiland eine exklusive Bestattungsstätte für „auserwählte Sterbliche“ zu machen; 50 000 Euro sollte eine Grabstätte kosten. Umwelt- und Naturschützer fegten alle diese Pläne jedoch vom Tisch, die Oie wird Vogelparadies bleiben. Sie wurde Eigentum des Landes Mecklenburg-Vorpommern, der Vogelschutz-Verein Jordsand bekam einen Betreuungsvertrag.

Das Ausflugsschiff bringt Besucher zur Greifswalder Oie

ANREISE

Von April bis Oktober fahren mehrmals in der Woche Schiffe zur Greifswalder Oie, der Aufenthalt beträgt meist etwa zwei Stunden. Maximal 50 Personen gleichzeitig dürfen die Insel betreten. Auskunft über Abfahrtsorte und -zeiten geben die Tourist-Informationen und Kurverwaltungen der Inselgemeinden.

INSELRUNDGANG

Der kleine Hafen an der Südwestspitze der Insel, in dem die Fahrgastschiffe die Touristen an Land setzen, ist Liegeplatz für den Seenotkreuzer „Fritz Behrens“ mit seinem Tochterboot „Anna“. Beide werden von Rügen bis an die polnische Grenze eingesetzt. Da die Insel seit 1994 unter Naturschutz steht, dürfen Schiffe hier nur in Notsituationen oder bei widrigen Witterungsverhältnissen anlegen.

Am *Hafen* beginnt der ausgeschilderte Rundweg. Er führt am Schuppen der Deutschen Gesellschaft zur Rettung Schiffbrüchiger vorbei zu dem weißen Haus, in dem die Dienst habende Besatzung des Seenotkreuzers logiert. Einst beherbergte das alte Bauernhaus den Inselkommandanten und seine Familie. Im *Inselhof*, früher Bauernhof und Pension und zu DDR-Zeiten Dienst- und Unterkunftsgebäude für die Grenzsoldaten, hat der Verein Jordsand *(www.jordsand.de)* die *Naturkundliche Forschungs- und Beobachtungsstation „Walter Banzaf"* eingerichtet. Heute werden auf der Insel jährlich bis zu 20 000 Vögel beringt. Touristen, die zu einem Kurzbesuch eintreffen, bekommen einen Vortrag über die Vergangenheit und Gegenwart der Insel. Darüber informiert auch eine kleine *Ausstellung.*

27 Jahre lang tummelten sich auf der Insel Shetlandponys. Doch dem Zoo Rostock als Besitzer war der Unterhalt zu teuer, sodass die kleinen Pferde 2004 für immer abreisten. Heute lebt eine Heidschnuckenherde auf der Insel. Die rund 60 Schafe und Lämmer sollen unerwünschten Aufwuchs zurückdrängen.

Der betonierte Weg, der bis zur Inselmitte reicht, stammt noch aus der Zeit vor 1945. Am Generatorenhaus vorbei kommen Sie zur östlichen Steilküste. Bei gutem Wetter ist Usedom gut erkennbar. Von der Höhe aus können Sie Möwen, Seeschwalben, Kormorane und Schwäne beobachten. Hier an der Steilküste brütet eine Kolonie von Uferschwalben, die mit ihren rauen Tschrip-Rufen auf sich aufmerksam machen. Die am Boden brütenden Vögel wurden vor Jahren von Füchsen verjagt, die vermutlich im Winter über das Eis gekommen waren und in Sandsteinhöhlen am südlichen Steilufer und im Mischwald im Nordosten lebten. Doch so unvermutet die Füchse gekommen waren, so still und heimlich haben sie sich auch wieder davongemacht. Doch dafür hat auf der Oie eine andere Gefahr Einzug gehalten. Irgendwie sind Mitte der 1990er-Jahre Siebenschläfer auf die Insel gelangt. Ohne natürliche Feinde haben sich die mausähnlichen nachtaktiven Nagetiere rasant verbreitet, mehr als 400 soll es inzwischen geben, die Jagd auf die auf der Oie brütenden und rastenden Vögel machen. Sie plündern die Nester, und nicht einmal bereits geschlüpfte Vögel sind vor ihnen sicher. Da der Siebenschläfer selbst unter Artenschutz steht, sind Vogelschützern die Hände gebunden.

Wenn Sie aus dem Wald treten, ist der 38,6 m hohe, achteckige ★ *Leuchtturm* zu sehen, der drittälteste und höchste Mecklenburg-Vorpommerns, der seit 2007 der Öffentlichkeit zugänglich ist. Sein alle 3,8 Sekunden aufblitzendes Licht wird etwa 48 km weit gesehen. Zur Grundsteinlegung des Turms kam 1853 Preußenkönig Friedrich Wilhelm IV. auf die Insel. Einen guten Eindruck haben die Bewohner bei ihrem Regenten jedoch nicht hinterlassen, wenn man zeitgenössischen Berichten Glauben schenken darf: Der Empfang war „nicht sehr respektvoll, und Majestät erbosten sich über den Fliegendreck auf dem Herrscherbild, das er in einer Bauernstube erblickte". Vom Norden der Insel blickt man bis nach Rügen. Seit 1913 umschließt ein Steinwall fast die ganze Insel. Den enormen Aufwand betrieb man, damit die Greifswalder Oie nicht vom Meer verschlungen wurde. Bei einem Verlust der Insel wäre ja das deutsche Territori-

MARCO POLO HIGHLIGHTS

★ **Leuchtturm Greifswalder Oie**
Herrlicher Weitblick aus 38 m Höhe über die Ostsee nach Usedom und bis nach Rügen → S. 77

★ **Inselrundgang auf dem Ruden**
Wandern durch unberührte Natur und zu den Zeugnissen der jüngeren Grenzgeschichte auf dem Ruden → S. 79

algebiet um 54 ha kleiner geworden ... Im Jahr 2004 erfuhren dann auch die Deutschen im tiefsten Landesinnern, dass es in der Ostsee eine Insel namens Greifswalder Oie gibt. Die Deutsche Post hatte auf der 45-Cent-Briefmarke in der Serie „Leuchttürme" u. a. den von der Oie abgebildet.

RUDEN

(O) (F–G1) **Schon seit 1925 gehört die 800 m lange und maximal 375 m breite Insel zum Naturschutzgebiet Peenemünder Haken, Struck und Ruden.** Wenn sich das Ausflugsschiff der Insel aus östlicher Richtung nähert, sind als erstes Hunderte von Kormoranen zu sehen, die auf dem wie eine Sichel ins Meer ragenden Betonwall hocken. Die Vögel gehören zu zwei riesigen Kolonien auf dem Peenemünder Haken im Norden Usedoms. Die eleganten Taucher kommen zum Ruden geflogen, denn hier stört die unersättlichen Fischfresser niemand bei der Nahrungssuche. Hier und dort ragen bei Niedrigwasser kleine Sandbänke aus dem Wasser, die große Schwärme nordischer Enten sowie Schwäne und Möwen bevölkern. Vereinzelt sind auch schon Kegelrobben gesichtet worden. Bereits vor mehr als 100 Jahr hatte man die Tiere in der südlichen Ostsee ausgerottet, doch in jüngster Zeit sind einige zeitweise als Gäste zurückgekommen. Der nördliche Inselteil besteht aus bis zu 7 m hohen bewaldeten Sanddünen. Kiefern, Eichen und Buchen wachsen hier, an der Südspitze sind es vor allem Dünengräser, gelegentlich aber auch wilde Rosen, Stranddisteln und Wacholder. Östlich und westlich der Insel stehen zwei Leitfeuer im Wasser, die bis heute den Schiffsführern in diesem gefährlichen Seegewässer bei der Navigation helfen.

Um die Insel vor der Meeresbrandung zu schützen, wurde 1905 am Südende ein Betonwall gebaut, der 1200 m weit ins Meer ragt. In den Zeitungen war der Ruden seinerzeit mit dem Beinamen „Silberplatte Deutschlands" bedacht worden, denn Journalisten hatten errechnet: Das Geld, das der Schutzwall gekostet hatte, hätte ausgereicht, um die gesamte Insel mit silbernen Fünf-Mark-Stücken auszulegen.

MARITIMES LEXIKON

Achterwasser Achter heißt im Niederdeutschen „hinter", also das „Wasser hinter" der Ostsee

Bodden Bucht mit schmalem Zugang zum Meer

Haff vom Meer weitgehend abgeschnürte ehemalige Meeresbucht

Kliff niederdeutsche Bezeichnung für Steilküste

Tonnen schwimmende, an Ketten verankerte Seezeichen

Wiek niederdeutsche Bezeichnung für kleine, flache Bucht

Windflüchter einzelne, vom Wind verformte Bäume am Strand

Zeese beutelartiger, kaum noch verwendeter Schleppnetztyp, vom Zeesenboot gezogen

ANREISE

Mehrmals wöchentlich fahren in den Sommermonaten Schiffe zur Insel Ruden, für den Landgang haben Besucher meist eine Stunde Zeit. Über Abfahrtszeiten und -orte informieren die Tourist-Informationen und Kurverwaltungen der Inselgemeinden.

INSELRUNDGANG

★ Der markierte Lehr- und Wanderpfad beginnt am kleinen, für Sportboote zugelassenen *Hafen* auf der Ostseite, der in den 1970er-Jahren für die Grenzabfertigung ausgebaut wurde. Hier saßen DDR-Grenzoffiziere und Zöllner, die jedes vorbeifahrende Fischerboot kontrollierten. An der Ost- und Nordseite schützt eine 1904 aus Feldsteinen errichtete, mannshohe Schutzmauer die Insel vor der Meeresbrandung. Von der Westseite aus reicht der Blick über den Greifswalder Bodden nach Rügen und zu den Kirchtürmen von Greifswald. Vorbei am Lotsenturm, den zu DDR-Zeiten die Grenztruppen nutzten, führt der Weg zu den 1900 erbauten ehemaligen Lotsenhäusern in Hafennähe. Der restaurierte *Turm* an der Südspitze der Insel stammt aus der Zeit der von Braunschen Raketenforschung, er wurde als Messstation für die in Peenemünde gestarteten V 2-Versuchsgeschosse genutzt. Im Turm wird eine Ausstellung gezeigt, die auch die Küstenveränderung der letzten drei Jahrhunderte erläutert. Beeindruckend der Blick durch das auf dem Turmdach installierte INSIDER TIPP Fernrohr.

Die alten Lotsenhäuser auf dem Ruden wurden 1900 erbaut

Seit 1995 leben im Sommer auf Ruden Pommersche Landschafe. Sie suchen sich ihr Futter selbst, nur wenn sie trächtig sind, erhalten die Mutterschafe zusätzlich etwas Hafer. Das Amt für Natur und Umwelt hat die Herde auf 30 Muttertiere begrenzt, die etwa 45 Lämmer im Jahr setzen.

SWINEMÜNDE

Ein Tagesausflug in den polnischen Teil Usedoms ist für die meisten obligatorisch. Nicht wenige quartieren sich aber auch im polnischen Świnoujście (Swinemünde) ein und entdecken von dort aus den deutschen Teil der Insel.

Bereits vor über hundert Jahren verlor Usedom seinen südöstlichsten Zipfel mit dem Dorf Karsibór (Caseburg), als 1875–80 der 12 km lange Kanal Piastowski (Kaiserfahrt) gegraben wurde. Dieses Fleckchen, von der Neuzeit fast vergessen, ist heute nur von der Insel Wollin aus über eine schmale Brücke erreichbar. Swinemünde war lange Deutschlands größtes und mondänstes Seebad. Hierher reiste, wer Macht und Geld hatte. Die Stadt war, bis die Alliierten sie 1945 mit der gesamten Odermündung Polen zusprachen, das Verwaltungszentrum der Insel. Ende 2007 beseitige man die Schlagbäume und den Stacheldraht. Seitdem kann man – nach 62 Jahren! – wieder ungehindert am Strand entlangbummeln und auf Wanderwegen den östlichen Inselteil erkunden. Auch die Usedomer Bäderbahn, die wenige Meter vor der Grenze ihre Endstation hatte, fährt heute weiter in den polnischen Inselteil. Seit Sommer 2011 ist Swinemünde vom deutschen Teil Usedoms auf der längsten Promenade Europas zu erreichen. Die bereits bestehende Kaiserbäder-Promenade wurde auf 12 km verlängert. Auf dem Grenzstreifen entstand eine 425 m² große Plattform mit Sanitäranlagen, beleuchtet wird der neue Promenadenteil mit Solaranlagen.

Bild: Mühlenbake von Swinemünde

Das polnische Usedom: vom einst mondänen Swinemünde zum Nationalpark Wollin und nach Stettin

ŚWINOUJŚCIE (SWINEMÜNDE)

KARTE IM HINTEREN UMSCHLAG (115 E–F 5–6) (*M–N 6–7*) **Bedeutender Handels- und Fährhafen und bei den Polen ein beliebter Urlaubs- und Kurort, der in den letzten Jahren rasant sein Aussehen veränderte.**

Besonders herausgeputzt hat man das Kurviertel mit seinen Villen und Hotels, das ein weitläufiger Park mit Waldflächen von der übrigen Stadt trennt. Das 300 m breite Band der Swina (Swine) schneidet die Stadt (43 000 Ew.) mit ihren 44 Inseln in zwei Teile. Zwei Molen schützen den Hafen vor dem Versanden. Charakteristisch für die Westmole ist die weiße Leuchtbake, ein Seezeichen in Form einer Windmühle. Das Zentrum und der Kurbereich im Westen erstrecken sich auf Uznam (Usedom), die Vororte

Waffen, Uniformen und militärisches Gerät in den Räumen der Westlichen Festungen

liegen östlich auf der Insel Wollin. Kostenlose Fähren tuckern rund um die Uhr über die Swina, einen Fluss ohne Quelle, der einen Großteil des Oderwassers, das ins Stettiner Haff strömt, mitnimmt und zur Ostsee führt. Personenwagen werden hier nur befördert, wenn sie Einheimischen gehören, alle anderen müssen sich 7,5 km südlich bei Karsibór übersetzen lassen.

SEHENSWERTES

KIRCHEN

Die ev. König-Christus-Kirche entstand 1788–92 *(ul. Konstytucji 3. Maja)*. Die kath. Kirche wure 1895 erbaut *(ul. Piastowska Mieszka I.)*. Von der im Zweiten Weltkrieg zerstörten Lutherkirche (1903) steht nur noch der Turm; auf die Aussichtsplattform führen 256 Stufen *(April–Okt. tgl. 10–18 Uhr | ul. Paderowskiego/Ecke ul. Pilsudskiego)*.

KURVIERTEL

In der *ul. St. Zeromskiego*, der *ul. Juliusza Slowackiego* und den Querstraßen sind Beispiele der verspielten Bäderarchitektur zu sehen. Die historischen Villen hat man herrlich restauriert, viele neue sind entstanden. Alle beherbergen heute Hotels und Pensionen. Der Kurpark schmückt sich mit vielen seltenen Bäumen und Sträuchern.

LEUCHTTURM

Als sein Licht 1858 den Schiffen erstmals den Weg wies, war er mit 68 m Höhe der höchste Leuchtturm der Welt. Nach dem Aufstieg über 310 Stufen bietet sich ein herrlicher Blick. *Tgl. 10–18 Uhr | auf dem östlichen Swineufer*

MUSEUM FÜR HOCHSEEFISCHEREI

Das Museum hat im ehemaligen Rathaus Quartier bezogen. Zu sehen sind Ausstellungen über Meeresflora und

-fauna, zur Stadtgeschichte (mit Fotos vom alten Swinemünde) sowie Navigationsgeräte. *Juni–Okt. tgl., Nov.–Mai Di–So 9–17 Uhr | Plac Rybacki 1 | www.muzeum-swinoujscie.pl*

OSTFORT (FORT GERHARD)
Das Bunker- und Gängesystem liegt im Wald auf dem östlichen Swineufer. Es entstand ab Mitte des 19. Jhs. zur Verteidigung der Hafeneinfahrt. *Tgl. 10–18 Uhr | beim Leuchtturm | www.fort-gerharda.pl*

WESTLICHE FESTUNGEN ★
Die beiden Militärbauten am westlichen Swineufer aus der Mitte des 19. Jhs. wurden um 1940 von den Nationalsozialisten ausgebaut und nach dem Zweiten Weltkrieg von den Sowjets genutzt. Die westliche Festung wird Stück für Stück saniert und soll als militärisches Geschichtsdenkmal erhalten bleiben. Sie kann als Museum besichtigt werden und dürfte vor allem für Geschichtsinteressierte eine wahre Fundgrube sein Die *Engelsburg* entstand nach dem Vorbild des Mausoleums für Kaiser Hadrian in Rom. Das gut erhaltene Zeugnis preußischer Militärgeschichte ist heute ein kulturelles Zentrum; in der Kunstgalerie finden Ausstellungen, Konzerte und Veranstaltungen statt, das kleine Café lädt zu Kaffee, Tee, Kuchen und Snacks. *Engelsburg (Fort Aniola) | tgl. 10–18, Okt.–April 10–15 Uhr | Westfort (Fort Zachodni) | April–Okt. tgl. 10–17, Mai, Sept. 10–18, Juni–Aug. 9–20 Uhr*

ESSEN & TRINKEN

ALBAKORA
Einfach und gut: deftige polnische Küche in großen Portionen. Fisch, Fleisch und Beilagen stellt man sich selbst zusammen. Das wird erleichtert durch die auch auf Deutsch vorliegende Speisekarte. Ausgesprochen nette Bedienung. *Tgl. | ul. Konstytucji 3. Maja 6 | Tel. 0048 91 3 21 21 61* | €

BELWEDER
Zwischen Stadtzentrum und Seepromenade gelegenes Hotel, das im eleganten Restaurant gepflegte polnische und internationale Spezialitäten anbietet. *Tgl. | ul. Wyspianskiego 1 | im gleichnamigen Hotel | Tel. 0048 91 327 16 77 | www.hotel-belweder.pl* | €

RESTAURANT CENTRALA
Restaurant, Jazzclub und Galerie in einem. Polnische Küche mit Bigosch und Piroggen sowie internationale Fisch- und Fleischgerichte. *Tgl. | Ul. Armii Krajowej 3 | Tel. 0048 91 3 21 26 40 | www.centrala.pl* | €

FREIZEIT & SPORT

4 km lang und bis zu 70 m breit ist der Strand, an dem im Gegensatz zum deutschen Inselteil keine Strandkörbe stehen. Tennisplätze gibt es an der *ul. Jana Matejki*, ein Hallenbad hinter den Dünen an der *ul. St. Zeromskiego.* INSIDER TIPP Deutschsprachige *Hafenrundfahrten* (2 Std.) Juni–Sept. tgl. 10 und 14.30 Uhr *(Abfahrt gegenüber dem*

MARCO POLO HIGHLIGHTS

★ **Westliche Festungen**
Bedeutende Militärbauten aus der Mitte des 19. Jhs. am Westufer der Swina
→ S. 83

★ **Nationalpark Wollin**
Wisente und kleine Seen; seinem Namen gerecht wird der Türkissee → S. 85

Museum für Hochseefischerei). Schiffsverkehr besteht in die deutschen Seebäder Usedoms *(Tel. 038378 47790 | www.adler-schiffe.de)*.

AM ABEND

Das *Amphitheater (ul. Chopina)* bietet 3500 Zuschauern Platz; im Sommer finden hier Veranstaltungen aller Art statt. Immer etwas los ist auch im *Städtischen Kulturhaus (ul. Wojska Polskiego 1)*.

ÜBERNACHTEN

APARTHOTEL AVANGARD

Gut ausgestattete Ein- und Zweizimmer-Apartments mit Küchenzeile und Balkon an der Seepromenade. Spa- und Wellnessbereich mit Schwimmbad, Sauna, Kosmetik- und Massagesalon. *45 Ap. | Uzdrowiskowa 5 | Tel. 0048 91 3 22 55 77 | www.parkavangard.pl* | €€

LOW BUDG€T

▶ Familien fahren günstig mit dem Schiff von den Kaiserbädern nach Swinemünde. Die einfache Fahrt kostet für Eltern und drei Kinder (6–14 Jahre) 27,50 statt 38,50 Euro. *(www.adler-schiffe.de)*.

▶ ● Im Swinemünder Restaurant *Centrala (Armii Krajowej 3)*, dem Treff der Künstlerszene, erklingt am Abend oft kostenlos Livejazz.

▶ Für das Besteigen des Swinemünder Leuchtturms ist nur 1 Euro zu zahlen. Für so wenig Geld kann man an Deutschlands Ostseeküste von keinem Leuchtturm schauen!

DELFIN SPA

Im Swinemünder Kurviertel, nahe Strand und Seepromenade gelegene Villa mit angenehmen Zimmern und Außenpool. Wellnessbereich. *30 Zi. | Ul. Slowackiego 19 | Tel. 0048 91 3 21 27 57 | www.hotel-delfin.pl* | €

VILLA HERKULES

Ein wenig ist das Flair vergangener Zeiten in der liebevoll restaurierten Villa im Bäderstil noch zu spüren. Moderne, funktionale Zimmer, gute Wellnessangebote. Ein Jungbrunnen für die Atemwege: der Aufenthalt in der Salzgrotte. *40 Zi. | ul. Slowackiego 29 | Tel. 0048 91 3 21 35 28 | www.villaherkules.pl* | €€

AUSKUNFT

CENTRUM INFORMACJI TURYSTYCZNEJ (TOURISTISCHES INFORMATIONSZENTRUM)

Wybrzeze Wladyslawa IV im Pavillon der Stadtfähre 72-600Świnoujście | Tel. 0048 91 3 22 49 99 | www.swinoujscie.pl (auch in Deutsch)

ZIELE IN DER UMGEBUNG

KARSIBÓR (O) *(🕮 N8)*

Durch den Bau des Piastowski-Kanals („Kaiserfahrt") Ende des 19. Jhs. wurde Karsibór (Caseburg) zur Insel. Eine 370 m lange Brücke stellt die Verbindung zum Festland her. Das 7 km südwestlich von Swinemünde gelegene Karsibór ist ein beliebtes Ziel für Fahrrad-Tagestouren.

MIĘDZYZDROJE (MISDROY) (O) *(🕮 O)*

Seebad mit breitem Strand. Międzyzdroje (7000 Ew.) war vor dem Krieg eines der elegantesten deutschen Seebäder. Den Strand begleitet eine 2 km lange *Promenade*. Von der 395 m langen Seebrücke verkehren Schiffe nach Swinemünde und zu deutschen Seebädern. Das *Wolliner Nationalparkmuseum* befindet sich im Zentrum *(Mai–Sept. Di–So 9–17, Okt.–April Di–Sa 9–15 Uhr | ul. Niepodleglosci 3)*. Im ● INSIDER TIPP *Wachsfigurenkabinett (Gabinet Figur Woskowych)* sind rund 100 Figuren von Kleopatra bis Harry Potter zu sehen *(tgl. 10–18 Uhr | ul. Bohaterów Warszawy 20 | im Dom Kultury)*. Westlichen Ansprüchen gerecht wird das *Hotel Amber Baltic:* mit Strand, Pools, Sauna, Tennisplätzen und Golfplatz. *191 Zi. | ul. Bohaterów Warszawy 26a | Tel. 0048 91 3 28 10 00 | www.hotel-amber-baltic.pl | €€–€€€ | 16 km*

NATIONALPARK WOLLIN ★

(O) (06–7)

Der Park *(Wolinski Park Narodowy)* erstreckt sich von der Pommerschen Bucht bis zum Oderhaff. Charakteristisch sind die flachen Dünen und steilen Kliffküsten. Attraktion ist der kleine See *Jezioro Turkusowe (Türkissee)* bei Wapnica (Kalkofen), dessen Wasser bei Sonnenschein türkisblau schimmert. Ein malerischer Flecken ist das Dorf *Lubin (Lobbin)* mit seiner Steilküste, die tolle Blicke aufs Haff gestattet. Ein INSIDER TIPP *Schaureservat für Wisente (Rezerwat Zubrów)* wurde 2,7 km von Międzyzdroje-Zentrum entfernt eingerichtet *(Mai–Sept. Di–So tgl. 10–18, Okt.–April Di–Sa 8–16 Uhr | www.wolinpn.pl)*. *18 km*

SZCZECIN (STETTIN) (O) (0)

Die wirtschaftliche und kulturelle Metropole (250 000 Ew.) im Nordwesten Polens. Eine INSIDER TIPP kostenlose Stadtführung erhalten Sie, wenn Sie sich dem roten Balken anvertrauen. Der wurde auf Gehwegen markiert und lenkt Sie auch zum *Renaissanceschloss* (16./17. Jh.) der Pommernherzöge, von dessen Glockenturm Sie einen herrlichen Blick haben. Ebenfalls wieder aufgebaut wurde die gotische *Jakobikirche* (14./15. Jh.) an der *ul. Wyszynskiego*. Das barocke *Hafentor (Brama Portowa*, einst Berliner Tor) stammt von 1724–40, das *Königstor*

Wisentgehege im Nationalpark Wollin

(Brama Królewska, einst Anklamer Tor) von 1806. Das beste Hotel der Stadt mit gutem Restaurant *(tgl.)* ist das *Radisson Blu Hotel (369 Zi. | pl. Rodla 10 | Tel. 0048 91 3 59 55 95 | www.radissonblu.com/hotel-szczecin | €€)*. Der INSIDER TIPP „Bosman Express“, ein Tragflächenboot, verkehrt von April bis Oktober zwischen Swinemünde und Stettin. Der Törn dauert 75 Min. und ist die schnellste Verbindung zwischen beiden Städten. *98 km*

AUSFLÜGE & TOUREN

Die Touren sind im Reiseatlas, in der Faltkarte und auf dem hinteren Umschlag grün markiert

1 ENTDECKUNGEN IM LIEPER WINKEL

Das flache Land zwischen Peenestrom und Achterwasser gehört zu den ursprünglichsten und stillsten Ecken Usedoms. An der B 110 weist ein Schild zum Lieper Winkel, der wie eine Faust in das Achterwasser ragt. Die gut asphaltierte Straße führt durch einen Mischwald, den Usedomer Stadtforst, nach Suckow, auf einer Kastanienallee weiter nach Krienke und von dort nach Rankwitz, dem Eingangstor. Die Radwanderung hat eine Länge von knapp 20 km.

Lange Zeit galt der **Lieper Winkel** → S. 68 als Usedoms vergessenste Ecke. Hier zogen in den vergangenen Jahrhunderten keine fremden Heere durch, der Bäderverkehr berührte diese Gegend nicht, und so konnte sich auf der Halbinsel vieles ursprünglich erhalten. Kleine verschwiegene Buchten, breite Schilfgürtel, blühende Gräben, stille Seen und Sümpfe sind charakteristisch. Bis Anfang des 20. Jh. trugen die Menschen im nördlichen Teil, in Warthe und Umgebung, noch Tracht. Heute leben weniger als 1000 Menschen in dieser stillen Region Usedoms.

Am kleinen Hafen von **Rankwitz** schwingt man sich aufs Rad, eine Kastanienallee führt Sie vorbei am **Jungfernberg**, mit 18,40 m der höchste Hügel der Halbinsel, ins namensgebende **Liepe**, Jahrhunderte lang der Hauptort. Die turmlose St. Johanneskirche versteckt sich hinter

Bild: Lieper Winkel, Ruderboot im Achterwasser

Lieper Winkel, Halbinsel Gnitz und Thurbruch: mit dem Fahrrad oder zu Fuß den Naturraum der Insel erkunden

hohen Bäumen, rohrgedeckte Häuser und Scheunen drängen sich um das Gotteshaus. 1216 ist es erstmals erwähnt und somit Usedoms älteste Kirche. Auf einem Plattenweg geht es weiter durch Wiesen und Felder zu dem nur aus wenigen Häusern bestehenden **Reestow.** Hier werden Sie Kühe, Schafe und Hühner begrüßen. Weiter radeln Sie nordwärts zum **Warther Haken** mit einer kleinen Badestelle. Weißstorch und Seeadler sind hier häufiger zu sehen als Menschen. Der Weg am Achterwasser entlang ist holprig und sandig, zwingt also zum geruhsamen Radeln. Nur selten gelingen Blicke durch das Strauchwerk und den Rohrgürtel aufs Wasser. Das unscheinbare **Warthe** empfängt Sie mit kleinen rohrgedeckten Häusern, einem Mini-Hafen, in dem einige Boote dümpeln, und einem Storchennest. In Reestow und Warthe kann man in den Ferienanlagen oder in den im Sommer geöffneten Restaurants wunderbar abschalten.

Der Weg nach Quilitz führt Sie am **Kusenberg** vorbei, „unserem Siebentausender", wie die Einheimischen verschmitzt sagen. Was nicht gelogen ist – allerdings gemessen in Millimetern. Ganze 7 m hoch ist diese Erhebung. Von der Steilküste in **Quilitz** bietet sich die schönste Aussicht auf den Peenestrom und das Städtchen Lassan am gegenüberliegenden Ufer. Manchmal – vielleicht erzählen Einheimische auch Ihnen diese Geschichte – würden Schatzgräber mit Spaten anrücken. Hatte doch 1914 ein Bauer nordwestlich des Dorfes im Sand einen fast 6 kg schweren Silberschatz gefunden. Die Münzen, Schmuckgegenstände und Perlen kamen ins Swinemünder Museum, sind aber in den Wirren am Ende des Zweiten Weltkriegs verschwunden. Seit Jahrzehnten hoffen Glückssucher, der Sand möge einen weiteren solchen Schatz versteckt halten.

Von Quilitz sind es nur 1,5 km bis **Rankwitz**, wo Sie sich bei schönem Wetter gewiss am kleinen Hafen an einem der Tische des Fischrestaurants niederlassen, herzhaft in ein Fischbrötchen beißen und das Treiben auf dem Wasser beobachten.

2 AUF DER HALBINSEL GNITZ

Der Gnitz, der das Achterwasser von der Krumminer Wiek im Westen trennt, gehört zu den schönsten Küstenlandschaften. Von Zinnowitz fährt man durch das Eichholz nach Neuendorf und von dort nach Netzelkow. In dem kleinen Ort beginnt die Wanderung von etwa 12 km Länge durch das leicht geschwungene Hügelland.

Ruhe und Beschaulichkeit hält der **Gnitz** → S. 53 bereit. Bis zum späten Mittelalter war er eine Insel. Der Große Strumminsee im Westen, heute fast verlandet, blieb von dem Wasserarm erhalten, der einst Usedom und den Gnitz trennte. Den Eichholz genannten Wald im Eingangsbereich der Halbinsel scheint besonders das Schwarzwild zu lieben, vor allem im Frühjahr und im Sommer sind von der Landstraße aus oft Bachen zu beobachten, die mit ihren Frischlingen durchs Unterholz trotten. Dort, wo das Eichholz aufhört – so sagen die Einheimischen –, beginnt der Gnitz. An einigen Stellen rotieren Pumpen Tag und Nacht, 365 Tage im Jahr, um Erdöl zu fördern. Wackelmänner werden sie genannt. In den 1960er-Jahren hatte man das schwarze Gold entdeckt, bis zu 220 000 t sollen fast 30 „Wackelmänner" seinerzeit pro Jahr gefördert haben, heute sind noch sieben Pumpen aktiv. Sie holen lediglich etwas mehr als 4000 t aus rund 2000 m Tiefe, die in der Raffinerie in Schwedt/Oder weiterverarbeitet werden.

In **Netzelkow** wird das Fahrrad oder Auto abgestellt. Die Fußwanderung beginnen Sie am besten an der turmlosen Backsteinkirche St. Marien, auf deren Ostgiebel sich Hahn und Kreuz als Wetterfahne drehen. Zwei im 15. Jh. gegossene Glocken hängen in einem freistehenden Glockenstuhl. Die kleinere mit Heiligendarstellungen am oberen Rand hat ein besonderes Schicksal. 1942 holte man sie, um sie für Kriegszwecke einzuschmelzen. Doch dazu kam es aus bis heute ungeklärten Gründen nicht. Nach Kriegsende tauchte die Glocke bei Hamburg auf, und 1950 strömten Hunderte nach Netzelkow, um dabeizusein, als sie wieder in den Glockenstuhl gehängt wurde. Im Kircheninneren steht der sorgfältig restaurierte Sarkophag des 1747 verstorbenen Barons Christian Carl von Lepel. Der Verstorbene zeigt sich im Harnisch und ist mit einem Trophäenbündel dargestellt, immerhin soll er an 21 Kriegen teilgenommen haben.

Ein Hinweisschild informiert: Bis Lütow sind es auf dem alten Kirchsteig 3 km.

Am Wegesrand verbirgt sich rechts unter knorrigen Eichen das einzige Großsteingrab Usedoms. Staunend stehen die Menschen unserer Tage vor diesem Zeugen alter Kulturgeschichte und rätseln, wie ihre Vorfahren vor 4000 Jahren mit primitiven Mitteln die gewaltigen Findlingsblöcke bewegt und bearbeitet haben könnten. Lange Zeit war man davon überzeugt, dass nur Riesen (Hünen) das bewerkstelligen konnten, was zur volkstümlichen Bezeichnung Hünengräber führte. Etwa um 1911 sprengte man die mächtigen Deckenplatten und verwendete die Steine für das Fundament des Netzelkower Pfarrhauses.

Haben Sie in **Lütow** die Landstraße erreicht, kann man einen kurzen Abstecher zum Achterwasser unternehmen, bevor es hinein in die nahezu unberührte Natur geht, zur ★ **Südspitze des Gnitz**. Vom naturbelassendem Weg auf dem Hang bieten sich Bilder, die Naturfreunde entzücken: Wald, Feuchtwiesen, Wassertümpel, das Achterwasser und der Peenestrom mit dem Blick bis zur Kirchturmspitze von Lassan. In der sandigen Steilküste nisten Uferschwalben, beim Näherkommen entdecken Sie Säulenwacholder, Berberitze und immer wieder Brombeeren. Schwäne und Hasen leben in dem Naturschutzgebiet ungestört. Zur Laichzeit im Frühjahr wird der Gnitz zur Konzertbühne für Hunderte von Moorfrosch-Männchen. Auch Fischotter und Ringelnatter fühlen sich hier wohl und scharenweise gibt es Möwen. Nicht von ungefähr bekam die Schwemmsandebene am Südzipfel des Gnitz den Namen **Möwenort**. Weiter geht es zur höchsten Erhebung, dem 32 m hohem **Weißen Berg**, mit einem weiten Blick auf die Krumminer Wiek und den Peenestrom. Das ist der rechte Augenblick, sich zu set-

Wackelmänner werden die alten Ölpumpen auf der Halbinsel Gnitz genannt

Auf der Halbinsel Gnitz: Ausblick vom Weißen Berg

zen und die reizvollen Bilder zu genießen. Wenn Sie etwas Glück haben, kreist über dem Wasser ein Fischadler, aber auch der Seeadler lässt sich regelmäßig blicken.

Beim Naturcampingplatz Lütow halten Sie sich rechts und erreichen wieder **Lütow**, von hier wird auf dem schon bekannten Weg zum Ausgangspunkt **Netzelkow** gelaufen.

3 DURCH DAS THURBRUCH

Flach wie eine Flunder zeigt sich das moorige Niederungsgebiet des Thurbruchs, eins der größten im Osten Deutschlands. Nur an seinen Rändern steigen sanfte Hügel empor. Die Radwanderung hat eine Länge von ca. 12 km. Hinweisschilder sorgen in der unspektakulären und menschenleeren Landschaft für Orientierung.

Zirchow am Ostrand des Thurbruchs bietet sich als Ausgangspunkt der Tour an. Die mittelalterliche Kirche des Dorfes hat der deutsch-amerikanische Maler Lyonel Feininger über die Landesgrenzen hinaus bekannt gemacht. 1908 kam der berühmte Künstler das erste Mal nach Usedom, bis 1923 regelmäßig. Hunderte von Skizzen, Gemälden und Zeichnungen hat er auf der Insel geschaffen. Allein von der Kirche in Zirchow existieren mehr als 30 Ansichten, darunter sieben Ölgemälde. Meist stand Feininger an der Hauptstraße, blickte aus nordöstlicher Richtung auf das Gotteshaus.

Von Zirchow radeln Sie in nördlicher Richtung, **Ulrichshorst** ist das Ziel, ein weiteres der kleinen Dörfer, die das Gebiet einrahmen. Jahrhunderte war das Thurbruch eine urwaldartige Seen- und Sumpflandschaft. 1421 ist es erstmals als *silva thura* (lateinisch Auerochsenwald) in einer Urkunde erwähnt. Den letzten Auerochsen in diesem Gebiet erlegte Herzog Wartislaw V. von Pommern aber bereits 1360. Jahrzehnte haben hier die Menschen bis zu 2 m tief Torf gestochen, der als preiswerter Brennstoff diente.

Radfahren im Thurbruch heißt meist, den Lenker gut festhalten. Zu DDR-Zeiten befestigte man viele der alten Moorwege mit Betonplatten, damit schwere landwirtschaftliche Geräte ungehindert darauf fahren konnten. Sie entstanden also nicht für neugierige Radtouristen. Der holprige, einen Entwässerungsgraben begleitende Weg endet an der von Autos wenig befahrenen asphaltierten Straße am Nordrand der Moor- und Wiesenlandschaft. Sie entstand erst nach 1957, als die DDR-Behörden das Bruch trockenlegen ließen. Damit begonnen hatte Preußenkönig Friedrich der Große, der um 1750 die ersten Meliorationsarbeiten am Thurbruch befahl. Um Grünland zu gewinnen, ließ er Dutzende von Gräben ziehen, die das überschüssige Wasser in die Ostsee und ins Stettiner Haff ableiten sollten. Dazu holte er „Ausländer" aus Schwedisch-Vorpommern und Mecklenburg, für die er das heute 1,3 km lange Straßendorf Ulrichshorst anlegen ließ. Die seinerzeit gebauten Häuser stehen alle auf der Nordseite der Dorfstraße, man schaute aus den Fenstern auf die gegenüber angelegten Gemüsegärten und das Thurbruch.

Hinter dem Ortsausgangsschild Ulrichshorst biegen Sie links ab, der fast schnurgerade und mit einem gelben Strich markierte Thurdamm bringt sie zum **Windkraftschöpfwerk**. Drei solcher Anlagen waren ab 1920 rund um die Uhr tätig, sie sollten den Grundwasserstand senken. Doch die Leistung war gering, ferner fehlte ein Regulierungssystem, sodass sich das Wasser in einem immerwährenden Kreislauf bewegte. Erst in den 1960er-Jahren vollendete man die Melioration durch ein ausgeklügeltes Grabensystem von etwa 90 km Länge. Eines der Windkraftschöpfwerke war bis 1965 tätig, 1994/95 wurde es als technisches Denkmal wieder hergestellt. Lassen Sie hier das Fahrrad stehen und laufen Sie rund 100 m auf dem Plattenweg zurück. Linker Hand versteckt sich hinter Röhrricht der **Kachliner See**, eins der stillsten Gewässer Usedoms. Auf einer Bank können Sie sich ausruhen, dem Piepsen, Zwitschern, Zirpen und Summen lauschen, das aus dem Röhricht dringt, und die Schmetterlinge beobachten, die in dieser abgelegenen Ecke besonders zahlreich flattern. Das Thurbruch gilt als Kulturlandschaft, es ist aber auch Rückzugsgebiet für viele Tiere. Wasser- und Raubvögel können hier weitestgehend ungestört leben, vor allem im Herbst sammeln sich Hunderte von Wildgänsen und andere Zugvögel, über den Wiesen schwebt der Seeadler. Fischotter, Marderhund, Blindschleiche und Ringelnatter haben hier ihren Lebensraum.

Wenige Meter hinter dem Windkraftschöpfwerk folgen Sie links der gelben Markierung. Entlang des Knüppelgrabens kommen sie wieder nach **Zirchow**.

Dorfkirche von Zirchow

SPORT & AKTIVITÄTEN

Immer mehr Usedom-Urlauber betätigen sich aktiv, nur am Strand liegen ist nicht mehr in. Nicht wenige reisen extra auf die Insel, um ihren sportlichen Neigungen nachzugehen.

Im Frühjahr und im Herbst sind das vorwiegend die Angler und passionierten Golfer; die Radler dagegen sind vom zeitigen Frühjahr bis zum späten Herbst unterwegs. Auch wer ins Wasser möchte, ist nicht mehr auf den Sommer angewiesen: Zwei Freizeitbäder und die Schwimmbäder der Hotels laden ganzjährig zum Schwimmen ein. Die *Ostseetherme* zwischen Ahlbeck und Heringsdorf hat 30–33 Grad warmes Wasser, in der *Bernsteintherme* in Zinnowitz schwimmen Sie in angenehm temperiertem Meerwasser.

ANGELN

Die Ostsee vor Usedom, der Peenestrom und die Boddengewässer sind gute Angelreviere. Hecht, Zander, Aal, Barsch, Karpfen, Schleie, Hornfisch und Flunder werden gefangen. Freier Fischfang ist nicht gestattet. Auch für die 12-Meilen-Küstenzone der Ostsee sowie die Haff- und Boddengewässer ist eine Angelberechtigung erforderlich. Die erhält nur, wer einen Fischereischein besitzt. In Mecklenburg-Vorpommern, also auch auf Usedom, gibt's einen Touristen-Fischereischein. Den können Sie einmal je Kalenderjahr für die Dauer von bis zu 28 aufeinanderfolgenden Tagen erwerben. Mehrmals im Jahr können Sie für je 28 Tage eine Verlängerung beantragen.

Bild: Golfplatz am Balmer See

Angeln, Golfen, Wassersport: Zahlreich sind die Angebote für aktive Betätigung zu Wasser und zu Lande

Wo es die Fischereischeine und Angelgenehmigungen gibt, wissen die Tourist-Informationen *(www.angeln-in-mv.de)*. Fischreich sind die Angelteiche Ückeritz nördlich des Seebads *(Tel. 0171 744 08 18 | www.angelteiche-ueckeritz.de)*. Regenbogen- und Lachsforellen, Aale, Karpfen, Störe und auch Hechte werden hier gefangen. Einen guten Fang garantieren INSIDER TIPP geführte Angeltouren auf Peene und Greifswalder Bodden mit *Alb Maritim* ab Hafen Karlshagen *(Tel. 038377 4 02 98 | www.alb-maritim.de)*.

BADEN

Alle Seebäder Usedoms locken mit Sandstrand vom Feinsten, der bis zu 70 m breit ist und flach ins Wasser abfällt. Auf 42 km Länge zieht er sich von der Nordspitze Usedoms bis zu den Kaiserbädern im Osten hin. Quirligen Strandtrubel erwarten die Gäste in den Kaiserbädern, wer es ruhiger mag, zieht sich in die Seebäder im Norden zurück. Große Strandbereiche werden von der DLRG bewacht. Aus Sicherheitsgründen sollte nur dort

Usedom ist wie geschaffen für Radler

gebadet werden. Nacktbaden hat an der Ostseeküste eine lange Tradition. Für FKK-Freaks bestehen zehn ausgewiesene Bereiche (Gesamtlänge 9 km) und zwar von Karlshagen im Norden über Koserow und Ückeritz in der Landesmitte bis nach Bansin und Ahlbeck im Osten.

Die Wasserqualität an der gesamten Küste Usedoms ist ausgezeichnet. Auf der interaktiven Badegewässerkarte des Ministeriums für Soziales und Gesundheit Mecklenburg-Vorpommerns *(www.sozial-mv.de)* sind Beschreibungen der Badegewässer, die Qualität sowie Nachrichten und Warnungen veröffentlicht.

FAHRRAD FAHREN

Radlern steht ein 150 km langes Radwegenetz zur Verfügung. Über die Insel verläuft der 614 km lange Seenradweg, der von Lüneburg über Anklam und die Kaiserbäder nach Wolgast führt. Fahrräder stehen in fast allen Ferienorten zum Mieten bereit, auch viele Hotels haben welche für ihre Gäste. Die Usedomer Bäderbahn befördert Fahrräder. Dem flexiblen Verleihsystem INSIDER TIPP *Usedomrad* haben sich elf Fahrradverleihstationen auf der Insel sowie Anklam angeschlossen. Sie nehmen Ihr Rad bei einem der beteiligten Partner entgegen und geben es, wenn Sie wollen, bei einem anderen wieder ab. Bei Problemen sind alle für kostenfreien Pannenservice für Sie da *(Tel. 0800 8555111 (*) | www.usedomrad.de). Radwandertouren mit Gepäckservice: Die Mecklenburger Radtour (Zunftstr. 4 | Stralsund | Tel. 03831 280220 | www.mecklenburgerradtour.de).*

GOLF

Den *Golfpark Balmer See* zählen Golfer zu den schönsten in Deutschland. Denn in der unmittelbaren Umgebung des Platzes mit 27 Spielbahnen und Driving-Range ist noch eine nahezu intakte Natur vorhanden. Von fast jedem Standort des sanft hügeligen Platzes aus schauen die Spieler auf das Achterwasser, auf Laub- und Kiefernwälder oder auf weidende Kühe. Die Golfschule bietet Einzelunterricht und Schnupperkurse an *(Golfpark Balm | Tel. 038379 28100 | www.golfhotel-usedom.de).* In der Nähe von Korswandt entstand das *Baltic Hills Golf Usedom*. Die reizvoll in das Gelände eingepasste 57 ha große 18-Loch-Golfanlage in der Nähe der Kaiserbäder verfügt über eine Driving Range mit 20 Abschlagplätzen sowie großzügige Putt- und Pitchbereiche *(Hauptstr. 10 | Korswandt | Tel. 038378 32318 | www.usedomgolf.de).*

INLINESKATEN

Die Deichkronen, eigentlich für Radler und Wanderer asphaltiert, sind zum wahren Eldorado der Inlineskater geworden. Kühne Sprünge werden vor allem auf den INSIDER TIPP Skaterbahnen in Ahlbeck an der Strandpromenade und in Ückeritz an der B 111 hingelegt. Beliebt ist ebenfalls der Fußweg von Ahlbeck bis zur Grenze zu Polen und wieder zurück.

REITEN

Durchs Usedomer Hinterland zu reiten bereitet immer mehr Touristen Freude. Ein 100 km langes, ausgeschildertes Reit- und Kutschwegenetz wurde eingerichtet. Reithallen sind in Bannemin, Benz und Trassenheide vorhanden. Auf Usedom einen Kremser oder eine Kutsche zu mieten ist ebenso unkompliziert wie eine Taxibestellung. Planwagen mit Fußheizung und Klarsichtfolie als Wetterschutz hat der *Pferdehof Will in Ahlbeck (Tel. 038378 2 84 50 | www.pferdehof-will.de)*.

WANDERN

Sportliche Herausforderungen gibt es nicht, Usedom ist gerade auch für Untrainierte ein sehr gutes Terrain. Von den Bergen, von denen die Einheimischen gern sprechen, sollte sich keiner abschrecken lassen: Das sind schlichte Hügel von höchstens 60 m Höhe. Das ausgeschilderte Wanderwegenetz hat eine Gesamtlänge von rund 400 km. Zahlreiche Kurverwaltungen und die Naturparkverwaltung bieten auch organisierte Wanderungen an.

WASSERSPORT

Auf der Ostsee und auf den Boddengewässern wird gesurft, gerudert, gesegelt und mit dem Motorboot gefahren. Neben den Häfen Peenemünde und Karlshagen gibt es am Achterwasser viele kleinere für Boote mit geringem Tiefgang. Surfanfänger finden auf dem Achterwasser bei Ückeritz ideale Bedingungen, Könner schwärmen von der Pommerschen Bucht vor der Küste der Kaiserbäder und dem Achterwasser bei Lütow. Tret-, Ruder-, Paddel- und Segelboote stehen in fast allen Ostseebädern am Strand sowie am Kleinen Krebssee zum Mieten bereit. Die *Segelschule Rückenwind in Wolgast (Tel. 03836 60 00 13 | www.segelschule-rueckenwind.de)* bietet Kurse zum Erwerb des Sportbootführerscheins und speziell für Urlauber zweitägige Schnupper-Segelkurse. INSIDER TIPP Kinder lernen das Segeln in der „Opti" genannten kleinen Segeljolle; das richtige Alter dafür ist 6–12 Jahre.

Wissen, woher der Wind weht: Usedom hat ideale Segelreviere

MIT KINDERN UNTERWEGS

Tagtäglich im Sand buddeln kann mit der Zeit langweilig werden, und wenn dann noch das Wetter nicht mitspielt, werden selbst die liebsten Kleinen quengelig. Viele Eltern sehen dann im Hotelschwimmbad den einzigen Ausweg, ihre Kleinen bei Laune zu halten. Oder sie schicken sie auf einen der Abenteuerspielplätze, die es in fast jedem Ostseebad gibt. Doch auf Usedom gibt es noch vieles mehr, um sich die Zeit zu vertreiben und Spaß zu haben.

INSELTORE

OTTO-LILIENTHAL-MUSEUM

(116 C5) (*🕮 F8*)

Das Museum in Anklam erzählt, wie der Traum vom Fliegen Realität wurde. Verwirklicht hat ihn der in Anklam geborene Ingenieur Otto Lilienthal (1848–96), dessen Namen das Museum trägt. 14 Flugzeugkonstruktionen Lilienthals sind zu sehen. Junge Besucher sitzen gern an den Flugsimulatoren, die Jüngsten dagegen spielen mit den Anker-Steinbaukästen – auch die hat Otto Lilienthal entwickelt, gemeinsam mit seinem Bruder Gustav. *Juni–Sept. tgl. 10–17, Mai, Okt., Ferien Di–Fr 10–17, Sa/So 13–17, Nov.–April Mi–Fr 11–15.30, So 13–15.30 Uhr | Ellbogenstr. 1 | www.lilienthal-museum.de | Eintritt 3,50, Kinder 2,50 Euro*

TIERPARK TANNENKAMP

(112 C4) (*🕮 F–G3*)

Für Tiere sind Kinder – vor allem, wenn sie aus der Stadt kommen – immer zu

Bild: Ritt auf der Banane am Strand von Ahlbeck

Von Papagei „Gina“ bis Otto Lilienthal: Die Insel bietet auch für Kinder allerlei Vergnügliches und Lehrreiches

begeistern. Eine wunderschöne gewachsene Waldlandschaft im Norden Wolgasts lädt zum Spazieren und Entdecken ein. Schließlich kann man Makis und Weißbüscheläffchen nicht jeden Tag aus allernächster Nähe beobachten. Über 400 Tiere tummeln sich in der grünen Natur und fühlen sich dort so wohl, dass sie regelmäßig Nachwuchs bekommen; die INSIDER TIPP Zucht der Braunen Makis z. B. ist einmalig in Deutschland. Ein großer Spielplatz sorgt für Abwechslung. Und nicht verpassen: Im Streichelgehege warten Ziege, Meerschweinchen, Kaninchen und Co. auf Streicheleinheiten! *Mai–Okt. tgl. 9–19, Nov.–April 10–16 Uhr | Tannenkampweg | www.tierparkwolgast.de | Eintritt 5, Kinder 2 Euro*

DER NORDEN

KINDERLAND USEDOM

(113 D3) (*G–H3*)

Outdoor-Freizeitspaß für die ganze Familie ist garantiert: Kinderkarussell, Hüpfburg, Trampoline, „verrückte Fahrräder“

oder Gokarts. In diesem Paradies für Kinder ist Herumtoben ausdrücklich erwünscht. Zukünftige Golf-Freaks probieren sich an der Minigolfanlage aus. Während die Kids die Attraktionen erobern, entspannen die Eltern oder Großeltern im Kaffeegarten. Ungewöhnlich, aber logisch ist der Eintrittspreis, Kinder zahlen mehr als Erwachsene. *April–Okt. tgl. 10–19, Juli/Aug. bis 20 Uhr (bei schlechtem Wetter anrufen, ob geöffnet ist) | Wiesenweg 1 | Trassenheide | Tel. 0160 8 30 54 08 | Eintritt 4, Kinder 8 Euro*

KULTUR-HOF (113 D4) *(🕮 G3)*

Ziegen, Schafe, Kaninchen und Tauben leben im *Landwirtschaftlichen Erlebnisbereich*. Im Bauerngarten wachsen Kräuter und seltene Gemüsesorten. Bäuerlicher Hausrat aus Großmutters Zeiten ist im Schweinestall ausgestellt, landwirtschaftliches Großgerät wie Traktoren und Heuwender im Außenbereich. Manchmal wird Besonderes geboten: Schaudreschen, Erntefeste oder ein Hubertustag mit Jagdhornbläsern. *Mai–Okt. Mo–Fr 9–16, Sa/So 10–18, Juli/Aug. bis 19 Uhr | Mölschow | Tel. 03838 3 99 25 | www.usedom-aktiv.de | Eintritt 3, Kinder 1,50 Euro*

PHÄNOMENTA (112 C2) *(🕮 F–G2)*

Mit einem Arm einen Trabant hochheben? Was nicht einmal einem Kraftprotz gelingt, schafft in der *Phänomenta* jeder. Hier heißt es: Anfassen und mitmachen! Alles darf berührt werden. Das Hochheben eines Trabants mit Hilfe eines Hebels gehört zu den spannenden Experimenten. In der Ausstellung lernt man spielend und oft staunend physikalische Grundgesetze kennen – Physikunterricht auf andere Art. Geduld und Geschick sind gefragt, um z. B. mit einem kleinen Magneten einer großen Tonne den erforderlichen Schwung zu versetzen. Wer schwindelfrei ist und Mut besitzt, darf sich in den INSIDER TIPP Astronautentrainer setzen. Soll das Erlebte auf Papier festgehalten werden, geht es ins Kindermalzimmer. *Mitte März–Okt. tgl. 10–18, Weihnachten, Neujahr, Winterferien tgl. 10–16 Uhr | Museumsstr. 12 | Peenemünde | www.phaenomenta-peenemünde.de | Eintritt 7, Kinder 5 Euro*

PROMENADENHALLE ZINNOWITZ (113 E4) *(🕮 H3)*

Abenteuer und Erlebnis für die ganze Familie, wenn das Wetter mal nicht mitspielt: Indoorspielplatz mit Kindereisenbahn zum Mitfahren, Kletterburgen und Hängebrücken, Fische und Schildkröten zum Anfassen. In der Piraten-Erlebniswelt wird in einer virtuellen 4D-Simulation (mit Bewegung der Sitze) die Schlacht um Zinnowitz geschlagen. Das 5D-Kino (zusätzlich mit Wind- und Wassereffekten) *Kugelfisch* lädt zu einer Reise durch die Unterwasserwelt ein. Die besondere Attraktion ist aber der INSIDER TIPP ausfahrbare Aussichtsturm in Form eines Planetariums. Die Aussicht bei einer Tasse Kaffee und einem Stück Kuchen genießen und dabei den Erklärungen zur Geschichte des Seebads Zinnowitz zu lauschen, das ist für Kinder und Erwachsene gleichermaßen interessant. *Tgl. 10–18 Uhr, Restaurant Mi geschl. | Neue Strandstr. 30 a | Tel. 038377 3 73 36 | www.promenadenhalle.de | Eintritt 2 Euro, dieser Grundeintritt wird erstattet, wenn Attraktionen genutzt werden: Kino 4 (Kinder 3 Euro), Turm 5 (Kinder 3 Euro), Piratenspiele 2 Euro/Pers.*

DER SÜDEN

MUSCHELMUSEUM HERINGSDORF (115 D4) *(🕮 L5–6)*

Die Meere der Welt halten Wunderschönes bereit: Muscheln, Korallen, Schnecken, Perlen und Bernstein. Die meisten der im Muschelmuseum in Heringsdorf präsentierten Gehäuse stammen aus den Philippinen und aus Thailand. Dort werden die Überbleibsel kulinarischer Genüsse nicht weggeworfen, sondern gereinigt und ein zweites Mal zu Geld gemacht. Insgesamt sind in dem kleinen Museum etwa 3000 Exponate zu sehen. Die größte ausgestellte Muschel ist 75 cm lang und 95 kg schwer, damit übertrifft sie die am Ostseestrand liegenden Muschelschalen um ein Vielfaches. *Tgl. 10–18, im Sommer bis 21 Uhr | Seebrücke-Landgebäude | www.muschelmuseum.kaiserbaeder.de | Eintritt 3, Kinder 1,50 Euro.*

TROPENHAUS BANSIN

(115 D4) (*🕮 L5*)

Wenn sie guter Dinge ist, begrüßt Papageiendame Gina die Besucher mit einem freundlichen „Hallo". Absolute Lieblinge im Tropenhaus Bansin sind jedoch die quirligen Weißbüscheläffchen. In den Volieren lärmen Sittiche und Finken; Esel, Ziegen, Ponys, Lamas und Minischweine warten auf Streicheleinheiten. Insgesamt leben hier ca. 250 Tiere aus 50 Arten. *April–Okt. tgl. 10–18, Nov.–März 10–16 Uhr | Goethestr. 10 | Tel. 038378 2540 | www.tropenhaus-bansin.de | Eintritt 4, Kinder 2 Euro*

SWINEMÜNDE

SCHIFFSTOUR ZUM NACHBARN

(115 D–F 4–5) (*🕮 L–O 5–6*)

Bei der einstündigen Seefahrt von Bansin, Heringsdorf oder Ahlbeck gibt es vor allem bei der Einfahrt in den Swinemünder Hafen viel zu sehen. Für kleine Landratten ist die Schiffsreise ins Nachbarland ein Erlebnis. In Swinemünde geht's weiter: Mit der Fähre setzen Sie über die Swine, dann besteigen Sie am Ostufer den Leuchtturm, der den Blick dorthin ermöglicht, wo man einige Stunden zuvor losgefahren ist. *Reedereibüro | Tel. 038378 47790 | www.adler-schiffe.de | Fahrt 8,50, Kinder 4,50 Euro*

Solche Schlangen gibt in der freien Wildbahn auf Usedom nicht, wohl aber im Tropenhaus Bansin

EVENTS, FESTE & MEHR

In der warmen Jahreszeit wird den Gästen viel geboten: Hafen-, Strand-, Brücken-, Neptun- und Sommerfeste; den Abschluss der Sommersaison bildet Mitte September das Drachenfest in Ahlbeck. Die Namen mögen variieren, die Programme unterscheiden sich nicht wesentlich: meist musikalischer Frühschoppen, Kinderprogramm, Markttreiben. In jüngster Zeit haben sich jedoch Feste etabliert, deren Ruf weit über Usedom hinausreicht. Die Ankündigungen hängen in den einzelnen Orten aus und stehen in den Veranstaltungskalendern.

FEIERTAGE

Im deutschen Teil der Insel: **1. Jan.** Neujahr, *Karfreitag, Ostermontag;* **1. Mai** *(Tag der Arbeit), Himmelfahrt, Pfingstmontag;* **3. Okt.** *(Tag der Deutschen Einheit)*, **31. Okt.** *(Reformationstag)*, **25./26. Dez.** *1. und 2. Weihnachtsfeiertag*

Im polnischen Teil der Insel: **1. Jan.** *Neujahr, Ostermontag, Fronleichnam*, **1. Mai** *(Tag der Arbeit);* **3. Mai** *(Tag der Verfassung);* **15. Aug.** *(Mariä Himmelfahrt);* **1. Nov.** *(Allerheiligen);* **11. Nov.** *(Unabhängigkeitstag)*, **25./26. Dez.** *1. und 2. Weihnachtsfeiertag*

FESTE & VERANSTALTUNGEN

FEBRUAR

▶ INSIDER TIPP ***Winterbadespektakel***: Aus ganz Deutschland reisen Winterbader an, um am Samstag vor dem Valentinstag in originellen Kostümen bei Ahlbeck in die kalte Ostsee zu steigen.

APRIL/JULI/OKTOBER

▶ ★ ***Usedom Baltic Fashion:*** Die Kaiserbäder sind Schauplatz für mehrere hochkarätige Modepräsentationen. Toplabels und junge Designer aus den Ostsee-Anrainerstaaten begeistern mit ihren originellen Kollektionen. Im Sommer verwandelt sich die Heringsdorfer Seebrücke in einen einzigartigen Catwalk. *Tel. 038378 24 40 | www.usedom-baltic-fashion.de*

PFINGSTEN

▶ INSIDER TIPP ***Internationales Kleinkunstfestival*** Künstler aus vielen Ländern zeigen vor der Seebrücke in Heringsdorf sowie in anderen Inselorten ihr Können: Pantomimen, Jongleure, Zauberer, Clowns – Straßentheater vielfältiger Art. Den Abschluss bildet ein Feuerwerk. *www.kleinkunst-festival.com*

Festivals rund ums Jahr: Modegala, Theater, Kunsthandwerk, Marathon und Musik

JUNI BIS AUGUST

▶ ***Vineta-Festspiele:*** Dreimal in der Woche rollt ein multimediales Theaterspektakel aus Schauspiel, Musik, Tanz, Feuerwerk und Lasershow über die Freilichtbühne in Zinnowitz. Auf der Bühne taucht die sagenhafte Stadt Vineta wieder auf, die eine Sturmflut vor 1000 Jahren ins Meer gerissen haben soll. *Karten: Tel. 038377 40936 | www.vineta-festspiele.de*

JULI

▶ ***Töpfermarkt Morgenitz:*** Töpfer aus ganz Deutschland verkaufen in dem kleinen Dorf ihre Produkte. Der Töpfermarkt am letzten Wochenende im Juli wurde zu einem Volksfest mit Tausenden von Besuchern.

AUGUST

▶ ***Usedomer Kaisertage:*** Usedoms größtes Straßenfest in Heringsdorf – pompöse Kleider, ein historischer Jahrmarkt, ein glamouröser Festumzug und ein Kunsthandwerkermarkt versetzen die Besucher in die Entstehungszeit der Kaiserbäder. *www.kaisertage.de*

SEPTEMBER

▶ ***Usedom-Marathon***: Von Swinemünde geht's parallel zum Strand nach Wolgast. Wer dort ankommt, hat 42,195 km zurückgelegt. Als Alternative gibt es den 21,1 km langen Halbmarathon mit Start und Ziel im Wolgaster Peenestadion. Immer am ersten Samstag im Septmeber. *Usedom Tourismus GmbH | Tel. 01805 873366 | www.usedom-marathon.de*

▶ ★● ***Usedomer Musikfestival*** Das Festival in der zweiten Monatshälfte schlägt Brücken zwischen den Kulturen des Ostseeraums. Jedes Jahr steht ein anderes Ostseeanrainerland mit seiner Musik im Fokus. Höhepunkte sind neben Kammerkonzerten, Jazz und Liederabenden die großen Sinfoniekonzerte im Kraftwerk des Museums Peenemünde. *Tickets: Tel. 038378 34647 | www.usedomermusikfestival.de*

ICH WAR SCHON DA!

Drei User aus der MARCO POLO Community verraten ihre Lieblingsplätze und ihre schönsten Erlebnisse

KUTTER AUF USEDOM

Ein guter Freund, der weiß, dass ich sehr gerne angle, erzählte mir, dass von den Häfen Karlshagen oder Peenemünde auf Usedom Angeltouren mit Fischkuttern zu den guten, fischreichen Fangrevieren angeboten werden. Diesen Ausflug konnte ich mir natürlich nicht entgehen lassen! Die Ausfahrt dauerte ungefähr 8 Stunden. Ich hatte Glück, die Fische bissen an diesem Tag besonders gut, wodurch die Zeit wie im Flug verging. Etwas Verpflegung, Getränke und angemessene Bekleidung sind selbst mitzubringen, die gute Laune kommt von alleine! **SiRose aus Senftenburg**

CAFÉ KNATTER IM BERNSTEINBAD ÜCKERITZ

Wir haben Jahre gebraucht, bis wir dieses Juwel auf Usedom während einer unserer Fahrradtouren entdeckt haben: Das „Café Knatter" liegt idyllisch am Achterwasser in Ückeritz *(Hauptstr. 36 | 17459 Ückeritz)*. Auf der gemütlichen Sonnenterrasse konnten wir abends den sensationellen Sonnenuntergang in vollen Zügen genießen. **Collie aus Herne**

RADWEGE AUF USEDOM

Um die Insel zu erkunden, mieteten wir während unseres Urlaubs auf Usedom zwei Fahrräder. Da das Radnetz sehr gut ausgebaut ist, konnten wir alle Orte mühelos erreichen. Besonders schön ist der Radweg die Küste entlang nach Peenemünde, der genau parallel zum Strand verläuft und somit eine tolle Aussicht garantiert! **Rita85 aus Pirmasens**

Haben auch Sie etwas Besonderes erlebt oder einen Lieblingsplatz gefunden? Schreiben Sie an unsere SMS-Hotline 0163 6 39 50 20 oder an info@marcopolo.de

EIGENE NOTIZEN

LINKS, BLOGS, APPS & MORE

LINKS

▶ mp.marcopolo.de/use1 Verschaffen Sie sich hier einen ersten **Überblick** über das, was Sie auf der Insel erwartet. Wunderschöne Panoramabilder und ein virtueller Rundgang!

▶ www.insel-usedom-wollin.de Hier ist alles zusammengetragen, was Sie an Informationen benötigen, um gut gerüstet für den **Usedom-Urlaub** zu sein. Schöne Fotos garnieren die Seiten, etwas störend wirken nur die vielen Anzeigen.

▶ www.erwin-rosenthal.com Private Präsentationen der Inseln **Usedom und Wollin** (Deutsch/Polnisch). Wer mehr von Erwin Rosenthal erfahren möchte, dem seien seine weiteren Webauftritte empfohlen: *www.usedom-wollin.eu* und *www.erwin-rosenthal.de/swinemuende*.

▶ www.marcopolo.de/usedom Alles auf einen Blick zu Ihrem **Reiseziel:** interaktive Karten inklusive Planungsfunktion, Impressionen aus der Community, aktuelle News und Angebote

BLOGS & FOREN

▶ www.usedomspotter.de Witzig, frisch, frech: Der **private Blog** hält Kurioses, Schönes, Unschönes, Lustiges, Ernstes und was einem sonst noch auffällt für den Leser fest. Wenn Sie etwas zu sagen haben, dann geben Sie einen Kommentar ab.

▶ http://meck-pomm.blog.de/tags/usedom/ **Interessantes und Aktuelles** über die Insel Usedom. Und wer Lust hat, schaut mal über den Tellerrand in das gesamte Bundesland.

▶ www.ostsee.blogspot.com Nachrichten aus dem Nordosten: vielfältige Themen von Politik bis Tourismus, Nachrichten, Veranstaltungstipps, Fotos. **Zum Mitmachen** gedacht.

VIDEOS

▶ www.baltictv.de Eine schöne Einstimmung auf den Urlaub: Über 600 **Filme,** Filmchen und Sequenzen, davon rund 100 über Ausflugsziele auf

Egal, ob Sie sich vorbereiten auf Ihre Reise oder vor Ort sind: Mit diesen Adressen finden Sie noch mehr Informationen, Videos und Netzwerke, die Ihren Urlaub bereichern. Da manche Adressen extrem lang sind, führt Sie der kürzere mp.marcopolo.de-Code direkt auf die beschriebenen Websites

VIDEOS

der Insel Usedom und die Eingangstore Anklam und Wolgast, machen Lust auf Me(e)hr. Ein Film stellt die gesamte Insel vor.

▶ www.youtube.com Hobbyfilmer haben rund **500 Filme** über die Insel Usedom ins Netz gestellt. Sie vermitteln die unterschiedlichsten Eindrücke der Ostseeinsel, von der Vorstellung der Inselorte über Momentaufnahmen der Naturschönheiten, Lieblingsorte und Sonnenuntergänge.

▶ www.myvideo.de Das erste Mal am Strand, ein toller Sonnenuntergang oder ein Bummel auf der Strandpromenade. Hier können Sie Ihre kleinen und großen **Usedom-Erlebnisse** hochladen und andere teilhaben lassen. Rund 250 Sequenzen gibt es bereits auf der Seite.

APPS

▶ Usedom Fotografie App von *www.usedom-fotogafie.de.* Mit der Android-App lässt sich die Insel Usedom stilvoll erleben: Infos und die neuesten Nachrichten über die Insel, Tipps zu Radtouren sowie eine lange Liste an sehenswerten Ausflugszielen; bezaubernd die **tolle Fotogalerie**.

▶ Restaurant Find App Hunger und Durst? Kein Problem mit der App für iPhone oder iPad. Sie sucht schnell nach einem **Restaurant** in der Nähe und berücksichtigt, ob einem der Sinn nach italienischer, thailändischer Küche oder Fastfood steht. Schnelle und einfache Handhabung, wenn auch noch verbesserungswürdig.

▶ Postman Wer schreibt heute schon noch Postkarten? Trendy ist es, **virtuelle Postkarten** zu versenden. Ganz fix geht das mit dem iPhone, *Postman* und den eigenen Fotos.

NETWORK

▶ mp.marcopolo.de/use2 bzw. /use3 Folgen Sie den Kurznachrichten von **Usedom-Tourismus** auf Twitter und Facebook und machen Sie mit, dann bleiben Sie auf dem Laufenden.

▶ mp.marcopolo.de/use4 bzw. /use5 Auf Usedom zwitschern nicht nur die Vögel, sondern auch die zahlreichen Twitter- und Facebook-**Community**-Mitglieder. Wo gibt es eine tolle Veranstaltung, wo kann man gut essen?

PRAKTISCHE HINWEISE

ANREISE

Aus Richtung Berlin auf der A 11 bis zum Autobahnkreuz Uckermark, weiter auf der neuen A 20 bis zur Anschlussstelle Anklam und weiter auf der B 199. Aus Richtung Hamburg auf der neuen A 20 bis zur Anschlussstelle Gützkow und von dort entweder in Richtung Wolgast (Norden Usedoms) oder in Richtung Anklam (Süden).

Aus dem Norden bis Stralsund, von Süden bis Züssow an der Strecke Berlin–Greifswald–Stralsund und weiter mit der Usedomer Bäderbahn; die verbindet alle Seebäder einschließlich Swinemünde und fährt auch nach Peenemünde. *Tel. 038378 27134 | www.ubb-online.de*

Von Mai bis Oktober gibt es wöchentliche Busverbindungen aus Berlin, Zwickau, Chemnitz, Dresden und Hamburg. Konkrete Informationen bekommt man im Reisebüro.

Zum Flugplatz Heringsdorf besteht von Mai bis Oktober Linienflugverkehr von mehreren deutschen Städten. *Airport Touristik Center | Tel. 038376 20030 | www.flughafen-heringsdorf.de*

GRÜN & FAIR REISEN

Auf Reisen können auch Sie mit einfachen Mitteln viel bewirken. Behalten Sie nicht nur die CO_2-Bilanz für Hin- und Rückflug im Hinterkopf *(www.atmosfair.de)*, sondern achten und schützen Sie auch nachhaltig Natur und Kultur im Reiseland *(www.gate-tourismus.de; www.zukunft-reisen.de; www.ecotrans.de)*. Gerade als Tourist ist es wichtig, auf Aspekte zu achten wie Naturschutz *(www.nabu.de; www.wwf.de)*, regionale Produkte, Fahrradfahren (statt Autofahren), Wassersparen und vieles mehr. Wenn Sie mehr über ökologischen Tourismus erfahren wollen: europaweit *www.oete.de*; weltweit *www.germanwatch.org*

AUSKUNFT

USEDOM TOURISMUS GMBH

Waldstr. 1 | 17429 Seebad Bansin | Tel. 038378 47710 | info@usedom.de

BRÜCKENSPERRUNGEN

Um auch größeren Schiffen die Durchfahrt zu ermöglichen, werden die beiden Brücken, die Usedom mit dem Festland verbinden, mehrmals am Tag zu festen Zeiten für max. 15 Min. hochgeklappt. Peenebrücke Wolgast (B 111): *5.45, 7.45 (Mai–Okt.), 8.45 (Nov.–April) 12.45, 16.45, 20.45, 23.30 Uhr (bei Bedarf)*. Peenestrombrücke bei Zecherin (B 110): *5.45 (April–Okt.), 9.40, 11.45, 16.45 (April–Okt., sonst nur nach Anmeldung: Tel. 038372 70838) und 20.45 Uhr*

GRENZÜBERTRITT

Seit der Aufnahme Polens in den Schengenraum sind Ende 2007 die Grenz- und Zollkontrollen weggefallen. Der Grenzübergang bei Ahlbeck (B 111) kann jetzt auch von Pkw passiert werden; einen neuen Übergang gibt es im Süden der Insel (B 110), der auch für Busse zugelassen ist. Erstmals seit Ende des Zweiten Weltkriegs dürfen wieder alle grenzüberschreitenden Wanderwege benutzt werden, auch am Strand sind die Sperranlagen beseitigt. Einen Personalausweis sollte man aber bei einem Ausflug ins Nachbarland dabei haben. Der Zoll gestattet Bürgern aus EU-Staaten für den persönlichen Gebrauch die Ein- und Ausfuhr aller Waren.

HUNDE

Wohlerzogene Hunde sind in den meisten Hotels willkommen, in den Restaurants dagegen weniger. Wenn es heißt „kleine Hunde" sind erlaubt, sollte man sich vorher erkundigen, was die Gastgeber darunter verstehen. In den Naturschutzgebieten gehören Hunde an die Leine. Alle Seebäder haben markierte Hundestrände eingerichtet.

INTERNET

Informationen über Usedom: *www.usedom.de;* Informations- und Onlinebuchungssystem der Insel Usedom: *www.usedom.com;* alles übers Bundesland: *www.mecklenburg-vorpommern.eu;* vieles rund um Vorpommern: *www.vorpommern.de;* einiges über das Nachbarland Polen: *www.info-polen.com;* Verkehrsverbindungen in Vorpommern: *www.verkehr.region-vorpommern.de;* Bäderarchitektur in den Kaiserbädern: *www.baederarchitektur.de;* Wellness auf Usedom: *www.wellness.usedom.de;* Leuchttürme von Darßer Ort bis Swinemünde: *www.leuchtturmtour.de;* das aktuelle UsedomWetter mit Hinweisen für Wassersportler: *www.mv-wetter.info/regio?reg=Usedom;* die Museen im deutschen und polnischen Teil Pommerns: *www.pommersche-museen.de;* Veranstaltungen in Mecklenburg-Vorpommern geordnet nach Rubriken: *www.waswannwo-mv.de;* der Bio-Einkaufsführer für Mecklenburg-Vorpommern: *www.bio-mv.de;* gesunde Ernährung und ökologische Landwirtschaft: *www.landaktiv-mv.de;* Wasserqualität der Ostsee und der Binnengewässer: *www.sozial-mv.de*

WAS KOSTET WIE VIEL?

Kaffee	Ca. 3,50 Euro *für ein Kännchen*
Bier	Ca. 2 Euro *für 0,3 l vom Fass*
Museum	3–7 Euro *Eintritt ohne Ermäßigung*
Strandkorb	Max. 7 Euro *Miete pro Tag*
Fahrrad	6–8 Euro *Miete für einen Tag*
Meerwasserbad	8,50 Euro *für 3 Std. in der Bernsteintherme*

KIRCHEN

Evangelische Kirchen – und das sind die meisten in Mecklenburg-Vorpommern – haben fast immer nur zu den Gottesdiensten geöffnet. Auf Usedom stehen jedoch bei einigen in den Sommermonaten die Türen für Besucher offen, so in Benz, Morgenitz und Mellenthin. Die katholischen Kirchen in Swinemünde sind ganzjährig geöffnet.

KURTAXE

In allen Badeorten wird Kurtaxe erhoben. Die höchste Kurtaxe verlangen die drei Kaiserbäder, dort zahlen Übernachtungsgäste (Mai–Sept.) tgl. 2,50 Euro, Tagesgäste sogar 3 Euro, im übrigen Jahr 1,30 bzw. 1,50 Euro. Nicht so üppig langen die übrigen Seebäder zu, in Karlshagen z. B. sind 2 Euro zu zahlen. Beim Vorzeigen der Kurkarte werden oft Preisermäßigungen in Museen und bei Veranstaltungen gewährt.

NOTRUFE

Feuerwehr, Rettungsdienst: *Tel. 112*
Polizei: *Tel. 110*
Pannennotruf des ADAC rund um die Uhr: *Tel. 01802 22 22 22*
Ärztlicher Hausbesuchsdienst: *Tel. 03834 52 26 26*

ÖFFNUNGSZEITEN

Wer bei den Restaurants sichergehen möchte, dass geöffnet ist, sollte sich vorher telefonisch erkundigen. Bei Museen ist der letzte Einlass häufig eine Stunde vor der genannten Schließung. Die Türen der Dorfkirchen auf Usedom sind in den Sommermonaten fast überall geöffnet. Die Ladenöffnungszeiten sind Mo–Fr freigegeben, Sa darf bis 22 Uhr geöffnet werden. In den Ferienorten gilt die Bäderregelung: Vom letzten Sonntag

WETTER AUF USEDOM

	Jan.	Feb.	März	April	Mai	Juni	Juli	Aug.	Sept.	Okt.	Nov.	Dez.
Tagestemperaturen in °C	2	2	6	10	16	20	21	21	18	13	7	3
Nachttemperaturen in °C	–3	–3	–1	3	7	11	13	13	10	6	2	–1
Sonnenschein Stunden/Tag	1	2	4	6	8	9	8	7	6	4	2	1
Niederschlag Tage/Monat	9	8	8	8	9	9	10	9	9	9	9	10
Wassertemperaturen in °C	3	2	3	5	9	13	17	17	15	12	8	5

im März bis Ende Oktober darf sonntags 13–18 Uhr geöffnet sein. Das Nachbarland Polen hat kein Ladenschlussgesetz.

PARKEN

Die Seebäder sind zu einer Zeit entstanden, als man noch nicht mit dem Pkw anreiste. Deshalb sieht es mit Parkmöglichkeiten in den kleinen Orten oft nicht gut aus. Lediglich Heringsdorf verfügt über ein Parkhaus. Die Hotels halten aber fast alle eigene Parkplätze vor. Respektieren Sie unbedingt die Parkverbotsschilder, denn gerne versucht man, die klammen Stadt- und Gemeindekassen mit dem Geld von Parksündern aufzufüllen.

PREISE

In den Badeorten ist alles teurer als im Hinterland, bei der Übernachtung ebenso wie beim Essen. Alle großen Reiseveranstalter haben zahlreiche Hotels auf Usedom im Angebot. Der Preis ist generell günstiger gegenüber einer Direktbuchung beim Hotel, und der Reiseveranstalter garantiert eine gesicherte Qualität. Von Ende Oktober bis vor Weihnachten und von Januar bis Mitte April kann man im Rahmen der Aktion „Kurzurlaub mit Langzeitwirkung" in ausgewählten Drei- und Viersternehotels im Vergleich zur Hauptsaison bis zu 50 Prozent sparen. Das Doppelzimmer mit Frühstück kostet 55 Euro im Drei-Sterne- und 66 Euro im Vier-Sterne-Hotel.

STRANDKÖRBE

Von Mai bis in den Oktober hinein stehen sie am Strand zum Mieten bereit – für mehrere Tage oder auch nur für ein paar Stunden. Viele Hotels und Pensionen besitzen eigene Strandkörbe; bereits bei der Buchung können Sie sich einen reservieren lassen. Wer keinen mietet, sollte zumindest einen Windschutz aufstellen.

Auf der Seebrücke Ahlbeck

TELEFON & HANDY

Usedom besitzt eins der modernsten Telefonnetze Deutschlands. In den reichlich vorhandenen öffentlichen Telefonzellen gibt es meist Kartentelefone, fast alle Hotelzimmer haben Telefon. Handybesitzer haben nur kleine Funklöcher zu beklagen.

ZEITUNGEN

Die „Ostsee-Zeitung" und der „Usedom-Kurier" sind die Tageszeitungen, die in vielen Hotels ausliegen. Viermal im Jahr kommt das Hochglanzmagazin „Usedom exclusiv" heraus *(www.usedom-exclusiv.de)*, das über Sehenswertes, Ausflugsziele, Kultur, Geschichte, Natur informiert.

REISEATLAS

Die grüne Linie zeichnet den Verlauf der Ausflüge & Touren nach
Die blaue Linie zeichnet den Verlauf der Perfekten Route nach

Der Gesamtverlauf aller Touren ist auch in der herausnehmbaren Faltkarte eingetragen

Bild: Halbinsel Gnitz

Unterwegs auf Usedom

Die Seiteneinteilung für den Reiseatlas finden Sie auf dem hinteren Umschlag dieses Reiseführers

A
B
C
Natur-
schutz-
gebiet
Struck
Spandower-
hagener
Wiek
Freesen-
dorfer See
Kölpiensee
Historisch-
technisches
Museum
Spandower-
hagen
Freest
Lubminer Heide
Peenemü
Kröslin
Nonnendorf
Stevelin
Latzow
32
Rubenow
Voddow
Hollendorf
Karrin
Pritzwald
Konerow
Ziesebruch
Groß Ernsthof
WEIDEHOF
TANNENKAMP
Tierpark
Lodmannshagen
Mühlgraben
Ziese
WOLGAST
St. Petri-
Kirche
Netzeband
Katzow
Kühlenhagen
Jägerhof
Schalense
Pritzier
13
Hohendorf
Ziemitz
111
Lühmannsdorf
Zarnitz
Negenmark
Budden-
hagen
Giesekenhagen
Hohensee
Seckeritz
Peenes

D
E
F
1
2
3
4
5
6
2km
hagen
Trassenheide
Mölschow
Zinnowitz
Świnoujście
(Swinemünde)
Bannemin
111
Schweden-
straße
Zempin
Gazberge
Ort
Krummin
26
berg
24
Neuendorf
Achterwasser
Görmitz
Insel
Görmitz
mminer Wiek
Gnitz
Netzelkow
Haubenhörn
Naturpark
Insel Usedom
Lütow
32
Möwenort
113
117
15
2
9
4
3
2
1,5
2,5
3,5
4,5
5
e
d
o
m

A
B
C
Zonnowitz
Koserow
Zempin
Streckelsberg
58
Kölpinsee
Achterwasser
Loddin
25
Stubbenfelde
Ückeritz
23
Langenb
Grüssow
Naturpark
Pudagla
Schmollen-
see
10
Sellin
Balmer
See
Stoben
Sallen
111
Balm
Dewichow
19
Neppermin
Benz
9
58
Kückelsberg
Reet
Usedom
Morgenitz
Schloss
Mellenthin
Labömitz
Kirchenberg
Mellenthin
Insel Usedom
50
Katschow
Suckow
Usedomer
Stadtforst
Kachlin
110
Mellenthiner
Heide
Wisent-
Gehege
Dargen
Görke
118
114

D
E
F
1
2
3
4
5
6
2km
Sassnitz (N-X)
Rønne (Bornholm)
København
Ystad
mmersche Bucht
atoka Pomorska
Berg
Bansin
Heringsdorf
Neuhof
Ostseetherme
Ahlbeck
Gothen
Zirowberg
60
31
Międzyzdroje
ŚWINOUJŚCIE
Wolgastsee
Korswandt
Kościół Chrystusa Króla
WARSZÓW
CELNY
Świna
E9
37
Golm
69
Zirchow
110
115
93
119
8
10
11
14
7
6
9
12

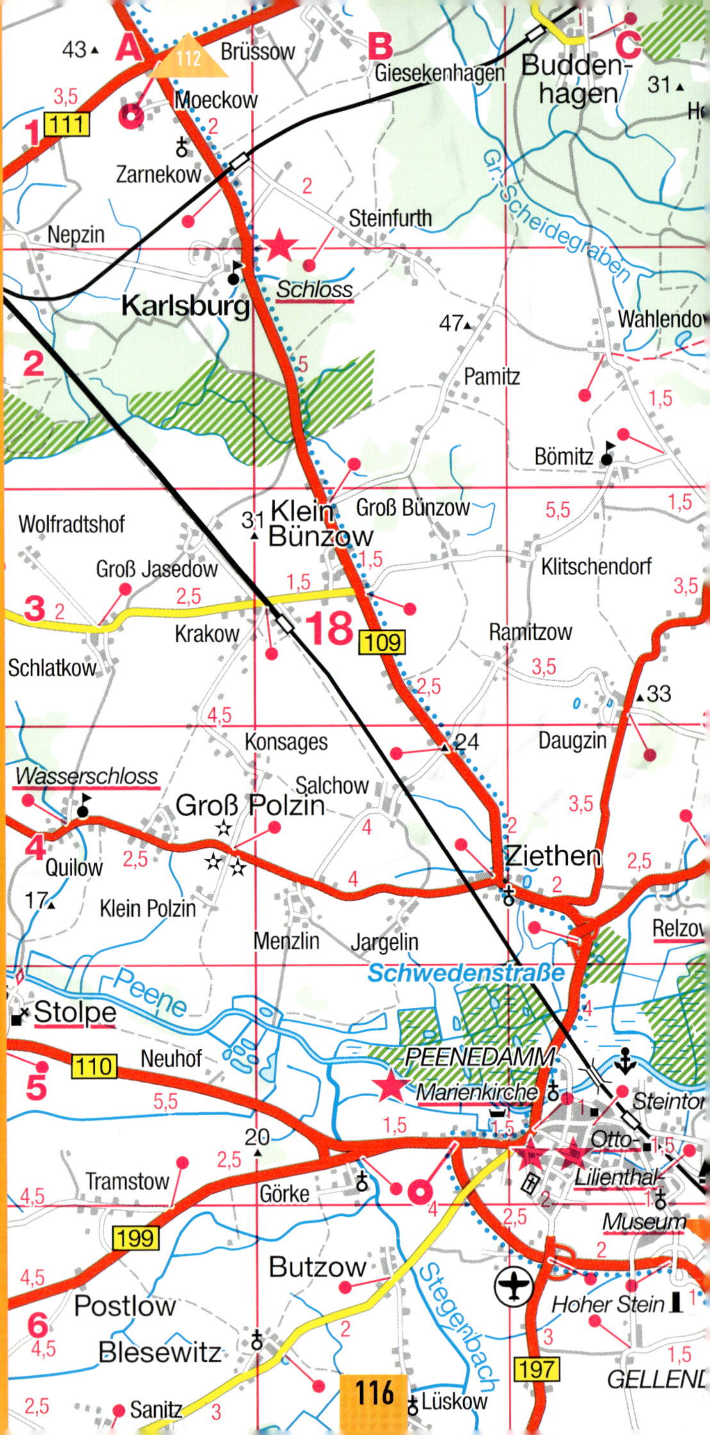
A
B
C
112
Brüssow
Giesekenhagen
Budden-
hagen
31
43
1
111
3,5
Moeckow
2
Zarnekow
Nepzin
2
Steinfurth
Gr. Scheidegraben
Schloss
Karlsburg
47
Wahlendo
2
5
Pamitz
1,5
Bömitz
Wolfradtshof
31
Klein
Bünzow
Groß Bünzow
5,5
1,5
Groß Jasedow
1,5
Klitschendorf
3,5
3
2
2,5
1,5
18
109
Krakow
Ramitzow
Schlatkow
3,5
2,5
33
4,5
Konsages
24
Daugzin
Wasserschloss
Salchow
Groß Polzin
3,5
4
2
4
Quilow
2,5
Ziethen
2,5
17
Klein Polzin
4
2
Menzlin
Jargelin
Relzo
Schwedenstraße
Peene
Stolpe
4
110
Neuhof
PEENEDAMM
5
Marienkirche
Steintor
5,5
1
1,5
1,5
20
Otto-
1,5
2,5
Tramstow
Lilienthal-
4,5
Görke
4
2
1
2,5
Museum
199
2
Butzow
4,5
Stegenbach
Hoher Stein
1
Postlow
6
3
4,5
Blesewitz
2
1,5
197
GELLEND
2,5
Sanitz
3
Lüskow

D
E
F
Möwenort
113
2
5
1
2km
Seckeritz
4,5
Bauer
Wehrland
Zemitz
Waschow
31
2
Rauher Berg
43
Klein Jasedow
2,5
Pulow
4
Papendorf
LASSAN
36
4
Kreideberg
4,5
Buggenhagen
3
Lentschow
3
Wangelkow
Jamitzow
Großer See
3
Libnow
Pinnow
18
3
Unterer Libnower Mühlbach
Klotzow
16
Peenestrom
4
110
5,5
VOSSBERG
30
2
2,5
GNEVENTHIN
Usedomer
Hubbrücke
5
GELLENTHIN
ZECHERIN
3
Winkel
KÖLPIN
KARNIN
3
Anklamer Fähre
MÖNCHOW
6
Kamp
Karniner Brücke (Mittelteil)
Gnevezin
6
Bargischow
6

A
B
C
1
2
3
4
5
6
114
Achterwasser
Warthe
Lieper
Winkel
Grüssow
Reestow
Naturpark
Liepe
Quilitz
Usedom
Balmer See
Rankwitz
Schwarzer Berg
12
Dewichow
Balm
19
Neppermin
Morgenitz
Schloss
Krienke
15
Mellenthin
Kirchenberg
50
Suckow
Peenestrom
Usedomer
Weißer Berg
28
110
Mellenthiner Heide
Wisent-Ge
Stadtforst
Prätenow
Gummlin
USEDOM
Stolpe auf Usedom
21
Usedomer See
WILHELMSHOF
WELZIN
OSTKLÜNE
8

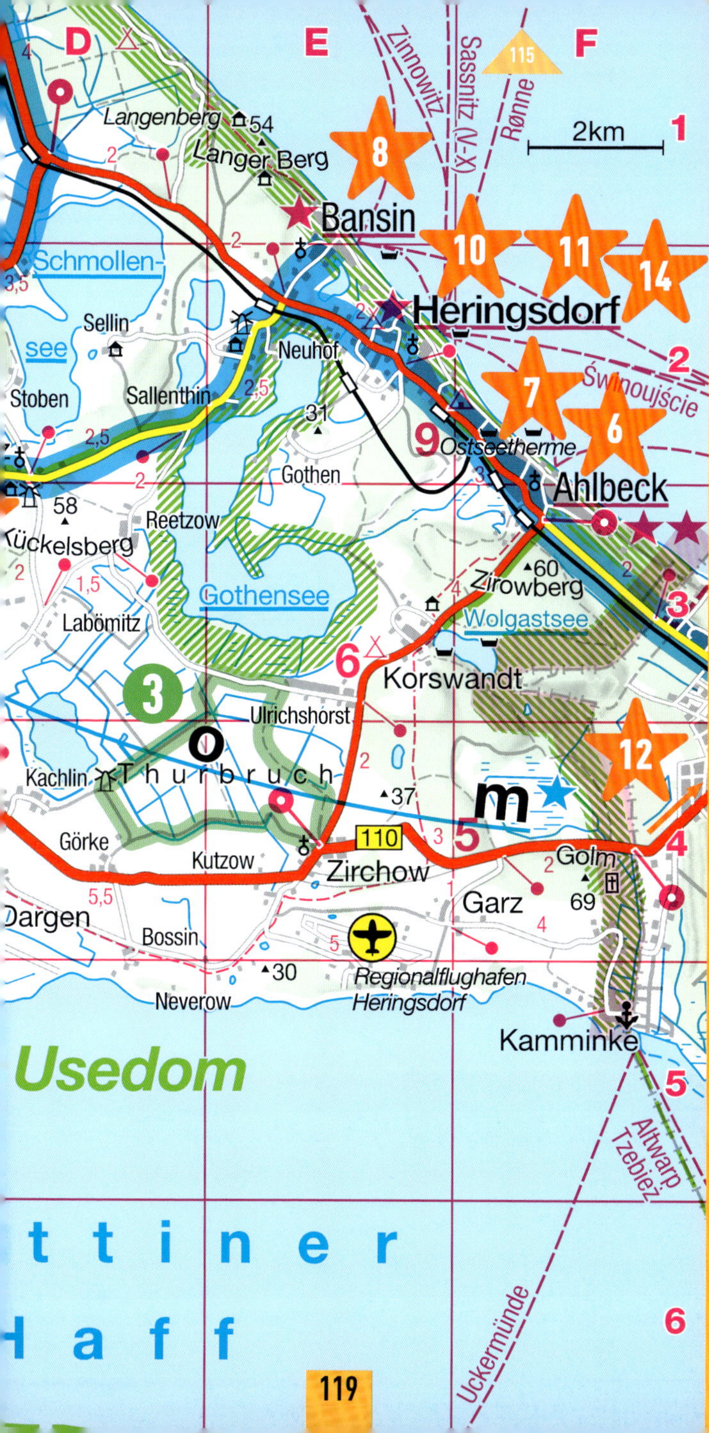
D
E
F
115
1
2
3
4
5
6
2km
Zinnowitz
Sassnitz (V-X)
Rønne
Langenberg
54
Langer Berg
Bansin
Heringsdorf
Świnoujście
Schmollensee
Sellin
Stoben
Sallenthin
Neuhof
31
Gothen
Ostseetherme
Ahlbeck
58
Reetzow
Kückelsberg
Labömitz
Gothensee
Zirowberg
60
Wolgastsee
Korswandt
Ulrichshorst
Kachlin
Thurbruch
37
Görke
Kutzow
110
Zirchow
Golm
69
Garz
Dargen
Bossin
30
Regionalflughafen Heringsdorf
Neverow
Kamminke
Usedom
Altwarp Trzebież
Uckermünde
ttiner
Haff

KARTENLEGENDE

Autobahn · Gebührenpflichtige Anschlussstelle · Gebührenstelle · Anschlussstelle mit Nummer · Rasthaus mit Übernachtung · Raststätte · Kleinraststätte · Tankstelle · Parkplatz mit und ohne WC	Trento 11	Motorway · Toll junction · Toll station · Junction with number · Motel · Restaurant · Snackbar · Filling-station · Parking place with and without WC
Autobahn in Bau und geplant mit Datum der Verkehrsübergabe	Datum Date	Motorway under construction and projected with completion date
Zweibahnige Straße (4-spurig)		Dual carriageway (4 lanes)
Fernverkehrsstraße · Straßennummern	14 E45	Trunk road · Road numbers
Wichtige Hauptstraße		Important main road
Hauptstraße · Tunnel · Brücke		Main road · Tunnel · Bridge
Nebenstraßen		Minor roads
Fahrweg · Fußweg		Track · Footpath
Wanderweg (Auswahl)		Tourist footpath (selection)
Eisenbahn mit Fernverkehr		Main line railway
Zahnradbahn, Standseilbahn		Rack-railway, funicular
Kabinenschwebebahn · Sessellift		Aerial cableway · Chair-lift
Autofähre · Personenfähre		Car ferry · Passenger ferry
Schifffahrtslinie		Shipping route
Naturschutzgebiet · Sperrgebiet		Nature reserve · Prohibited area
Nationalpark · Naturpark · Wald		National park · natural park · Forest
Straße für Kfz. gesperrt		Road closed to motor vehicles
Straße mit Gebühr		Toll road
Straße mit Wintersperre	XII-II	Road closed in winter
Straße für Wohnanhänger gesperrt bzw. nicht empfehlenswert		Road closed or not recommended for caravans
Touristenstraße · Pass	Weinstraße 1510	Tourist route · Pass
Schöner Ausblick · Rundblick · Landschaftlich bes. schöne Strecke		Scenic view · Panoramic view · Route with beautiful scenery
Heilbad · Schwimmbad		Spa · Swimming pool
Jugendherberge · Campingplatz		Youth hostel · Camping site
Golfplatz · Sprungschanze		Golf-course · Ski jump
Kirche im Ort, freistehend · Kapelle		Church · Chapel
Kloster · Klosterruine		Monastery · Monastery ruin
Synagoge · Moschee		Synagogue · Mosque
Schloss, Burg · Schloss-, Burgruine		Palace, castle · Ruin
Turm · Funk-, Fernsehturm		Tower · Radio-, TV-tower
Leuchtturm · Kraftwerk		Lighthouse · Power station
Wasserfall · Schleuse		Waterfall · Lock
Bauwerk · Marktplatz, Areal		Important building · Market place, area
Ausgrabungs- u. Ruinenstätte · Bergwerk		Arch. excavation, ruins · Mine
Dolmen · Menhir · Nuraghen		Dolmen · Menhir · Nuraghe
Hünen-, Hügelgrab · Soldatenfriedhof		Cairn · Military cemetery
Hotel, Gasthaus, Berghütte · Höhle		Hotel, inn, refuge · Cave
Kultur		**Culture**
Malerisches Ortsbild · Ortshöhe	WIEN (171)	Picturesque town · Elevation
Eine Reise wert	★★ MILANO	Worth a journey
Lohnt einen Umweg	★ TEMPLIN	Worth a detour
Sehenswert	Andermatt	Worth seeing
Landschaft		**Landscape**
Eine Reise wert	★★ Las Cañadas	Worth a journey
Lohnt einen Umweg	★ Texel	Worth a detour
Sehenswert	Dikti	Worth seeing
Ausflüge & Touren		**Trips & Tours**
Perfekte Route		**Perfect route**
MARCO POLO Highlight	1	**MARCO POLO Highlight**

ALLE MARCO POLO REISEFÜHRER

DEUTSCHLAND

Allgäu
Amrum/Föhr
Bayerischer Wald
Berlin
Bodensee
Chiemgau/ Berchtesgadener Land
Dresden/ Sächsische Schweiz
Düsseldorf
Eifel
Erzgebirge/ Vogtland
Franken
Frankfurt
Hamburg
Harz
Heidelberg
Köln
Lausitz/ Spreewald/ Zittauer Gebirge
Leipzig
Lüneburger Heide/ Wendland
Mark Brandenburg
Mecklenburgische Seenplatte
Mosel
München
Nordseeküste Schleswig-Holstein
Oberbayern
Ostfriesische Inseln
Ostfriesland/ Nordseeküste Niedersachsen/ Helgoland
Ostseeküste Mecklenburg-Vorpommern
Ostseeküste Schleswig-Holstein
Pfalz
Potsdam
Rheingau/ Wiesbaden
Rügen/Hiddensee/ Stralsund
Ruhrgebiet
Sauerland
Schwäbische Alb
Schwarzwald
Stuttgart
Sylt
Thüringen
Usedom
Weimar

ÖSTERREICH SCHWEIZ

Berner Oberland/ Bern
Kärnten
Österreich
Salzburger Land
Schweiz
Steiermark
Tessin
Tirol
Wien
Zürich

FRANKREICH

Bretagne
Burgund
Côte d'Azur/ Monaco
Elsass
Frankreich
Französische Atlantikküste
Korsika
Languedoc-Roussillon
Loire-Tal
Nizza/Antibes/ Cannes/Monaco
Normandie
Paris
Provence

ITALIEN MALTA

Apulien
Capri
Dolomiten
Elba/Toskanischer Archipel
Emilia-Romagna
Florenz
Gardasee
Golf von Neapel
Ischia
Italien
Italienische Adria
Italien Nord
Italien Süd
Kalabrien
Ligurien/Cinque Terre
Mailand/Lombardei
Malta/Gozo
Oberital. Seen
Piemont/Turin
Rom
Sardinien
Sizilien/Liparische Inseln
Südtirol
Toskana
Umbrien
Venedig
Venetien/Friaul

SPANIEN PORTUGAL

Algarve
Andalusien
Barcelona
Baskenland/Bilbao
Costa Blanca
Costa Brava
Costa del Sol/ Granada
Fuerteventura
Gran Canaria
Ibiza/Formentera
Jakobsweg/Spanien
La Gomera/ El Hierro
Lanzarote
La Palma
Lissabon
Madeira
Madrid
Mallorca
Menorca
Portugal
Sevilla
Spanien
Teneriffa

NORDEUROPA

Bornholm
Dänemark
Finnland
Island
Kopenhagen
Norwegen
Oslo
Schweden
Stockholm
Südschweden

WESTEUROPA BENELUX

Amsterdam
Brüssel
Dublin
Edinburgh
England
Flandern
Irland
Kanalinseln
London
Luxemburg
Niederlande
Niederländische Küste
Schottland
Südengland

OSTEUROPA

Baltikum
Budapest
Danzig
Estland
Kaliningrader Gebiet
Krakau
Lettland
Litauen/Kurische Nehrung
Masurische Seen
Moskau
Plattensee
Polen
Polnische Ostseeküste/ Danzig
Prag
Riesengebirge
Russland
Slowakei
St. Petersburg
Tallinn
Tschechien
Ukraine
Ungarn
Warschau

SÜDOSTEUROPA

Bulgarien
Bulgarische Schwarzmeerküste
Kroatische Küste/ Dalmatien
Kroatische Küste/ Istrien/Kvarner
Montenegro
Rumänien
Slowenien

GRIECHENLAND TÜRKEI ZYPERN

Athen
Chalkidiki
Griechenland Festland
Griechische Inseln/ Ägäis
Istanbul
Korfu
Kos
Kreta
Peloponnes
Rhodos
Samos
Santorin
Türkei
Türkische Südküste
Türkische Westküste
Zakinthos
Zypern

NORDAMERIKA

Alaska
Chicago und die Großen Seen
Florida
Hawaii
Kalifornien
Kanada
Kanada Ost
Kanada West
Las Vegas
Los Angeles
New York
San Francisco
USA
USA Neuengland/ Long Island
USA Ost
USA Südstaaten/ New Orleans
USA Südwest
USA West
Washington D.C.

MITTEL- UND SÜDAMERIKA

Argentinien
Brasilien
Chile
Costa Rica
Dominikanische Republik
Jamaika
Karibik/ Große Antillen
Karibik/ Kleine Antillen
Kuba
Mexiko
Peru/Bolivien
Venezuela
Yucatán

AFRIKA UND VORDERER ORIENT

Ägypten
Djerba/ Südtunesien
Dubai
Israel
Jordanien
Kapstadt/ Wine Lands/ Garden Route
Kapverdische Inseln
Kenia
Marokko
Namibia
Qatar/ Bahrain/ Kuwait
Rotes Meer/Sinai
Südafrika
Tansania/ Sansibar
Tunesien
Vereinigte Arabische Emirate

ASIEN

Bali/Lombok
Bangkok
China
Hongkong/ Macau
Indien
Indien/Der Süden
Japan
Kambodscha
Ko Samui/ Ko Phangan
Krabi/Ko Phi Phi/ Ko Lanta
Malaysia
Nepal
Peking
Philippinen
Phuket
Rajasthan
Shanghai
Singapur
Sri Lanka
Thailand
Tokio
Vietnam

INDISCHER OZEAN UND PAZIFIK

Australien
Malediven
Mauritius
Neuseeland
Seychellen
Südsee

REGISTER

In diesem Register sind alle im Reiseführer erwähnten Orte und Ausflugsziele sowie einige wichtige Namen und Stichworte aufgeführt. Gefettete Seitenzahlen verweisen auf den Haupteintrag. U verweist auf den Umschlag vorne.

SCHREIBEN SIE UNS!

SMS-Hotline: 0163 6 39 50 20

E-Mail: info@marcopolo.de

Egal, was Ihnen Tolles im Urlaub begegnet oder Ihnen auf der Seele brennt, lassen Sie es uns wissen! Ob Lob, Kritik oder Ihr ganz persönlicher Tipp – die MARCO POLO Redaktion freut sich auf Ihre Infos.
Wir setzen alles dran, Ihnen möglichst aktuelle Informationen mit auf die Reise zu geben. Dennoch schleichen sich manchmal Fehler ein – trotz gründlicher Recherche unserer Autoren/innen. Sie haben sicherlich Verständnis, dass der Verlag dafür keine Haftung übernehmen kann. Kontaktieren Sie uns per SMS, E-Mail oder Post!

MARCO POLO Redaktion
MAIRDUMONT
Postfach 31 51
73751 Ostfildern

IMPRESSUM
Titelbild: Ahlbeck, Seebrücke (Laif:Westrich)
Fotos: DuMont Bildarchiv: Jung (7, 8, 12, 28), Kirchner (20, 23, 51, 69, 90, 101, 109); Gutshaus Neuendorf (16 M.); O. Heinze (3 o., 26 l., 37, 48/49, 54/55, 62, 104 o., 104 u.); Norman Heise (17 o.); Huber: Mehlig (10/11); F. Ihlow (3 M., 15, 40, 74/75); © iStockphoto.com: Valerie Loiseleux (16 o.); Laif: Amme (28/29), Hahn (2 o., 5, 29, 85, 89, 99), Kirchner (Klappe r., 2 u., 38/39, 56, 65, 91, 92/93, 95, 100, 100/101), Knoll (18/19), Steinhilber (72/73), Westrich (1 o.), Zanettini (52); Look: Lubenow (70), TerraVista (3 u., 59, 80/81), Wothe (86/87); mauritius images: Alamy (24/25), Chassot (47), Enzinger (2 M.o., 9), Pokorski (82), Seba (96/97); mauritius images/imagebroker: Eisele-Hein (94), Schöfmann (27); Lotsenturm GmbH (17 u,); MyDays (16 u.); T. Stankiewicz (Klappe l., 4, 30 l., 30 r., 34, 44, 45, 105, 110/111); Sucher/Wurlitzer (1 u.); vario images: imagebroker (42, 61, 66), Westend61 (26 r.); Visum: Steche (76); B. Wurlitzer (2 M.u., 6, 32/33, 79)

12. Auflage 2012
Komplett überarbeitet und neu gestaltet

Chefredaktion: Michaela Lienemann (Konzept/Chefin vom Dienst), Marion Zorn (Konzept, Textchefin)
Autoren: Kerstin Sucher, bernd Wurlitzer; Redaktion: Jochen Schürmann
Verlagsredaktion: Ann-Katrin Kutzner, Nikolai Michaelis, Silwen Randebrock
Bildredaktion: Barbara Schmid, Gabriele Forst
Im Trend: wunder media, München; Kartografie Reiseatlas: © MAIRDUMONT, Ostfildern;
Kartografie Faltkarte: © MAIRDUMONT, Ostfildern
Innengestaltung: milchhof: atelier, Berlin; Titel, S. 1, Titel Faltkarte: factor product münchen
Sprachführer: in Zusammenarbeit mit Ernst Klett Sprachen GmbH, Stuttgart, Redaktion PONS Wörterbücher

Printed in Germany. Gedruckt auf 100% chlorfrei gebleichtem Papier

BLOSS NICHT

Ein paar Tipps, wie Ihre Urlaubsfreude nicht getrübt wird

FISCHWILDEREI BEGEHEN

Wer ohne Angelerlaubnis angelt, begeht Fischwilderei. Die wird geahndet. Zu den Fanggeräten der Berufsfischer sind mindestens 100 m Abstand zu halten. Die Fischmeister haben als Hilfsbeamte der Staatsanwaltschaft polizeiliche Befugnisse, sie ahnden als Bußgeldbehörde die Vergehen. Ihnen sind die Dokumente, die Fanggeräte und die gefangenen Fische vorzuzeigen.

LEICHTSINNIG SEIN BEIM BADEN

Bei bewachten Stränden ist der Badebereich durch Bojen abgesteckt. Mut und Sportlichkeit sollten nicht durch Missachtung dieser Begrenzungen demonstriert werden. Achten Sie auch auf plötzlich aufkommende ablandige Winde, die Luftmatratzen, Schwimmringe und kleine Boote schnell auf See treiben. Ohne fremde Hilfe kommen diese selten wieder an Land. Ärger gibt es für jene, die unbegründet um Hilfe rufen.

DÜNENSCHUTZ MISSACHTEN

Die durch Strandhafer gefestigten Dünen dienen als Bollwerk gegen Sturmhochwasser, sie dürfen nur auf Wegen überquert werden. Wer Burgen in den Dünen baut, muss mit einer Geldstrafe rechnen, der Schutzabstand zum Dünenfuß muss mindestens 2 m betragen.

FKK-ANHÄNGER FOTOGRAFIEREN

Auf Usedom stößt sich keiner daran, wenn andere sich nicht völlig entkleidet am FKK-Strand tummeln oder am Wasser entlangwandern und diese Bereiche passieren. Eins wird aber generell nicht geduldet: Schaulustige (um nicht zu sagen Spanner), die mit der Kamera ungeniert auf Motivjagd gehen.

KLETTERPARTIEN AM STEILUFER UNTERNEHMEN

Unaufhörlich nagen Sturm und Regen am Streckelsberg, am Langen Berg, an der Südspitze der Halbinsel Gnitz und bei Kamminke, oft kommt es zu Abstürzen von Uferpartien und Steinschlag. Deshalb ist es lebensgefährlich, sich zu nah an den Rand des Steilufers zu wagen oder Kletterpartien zu unternehmen.

ALLES FÜR BERNSTEIN HALTEN

Mancher glaubt, Bernstein gefunden zu haben, doch dann ist die Enttäuschung groß: Es handelt sich nur um gelbbraune Kieselsteine oder vom Meer abgeschliffene braune Glasscherben. Ob es tatsächlich Bernstein ist, lässt sich leicht feststellen: Bernstein lädt sich beim Reiben an der Kleidung elektrostatisch auf und zieht kleine Papierschnitzel an, im Wasser (zwei Esslöffel Kochsalz in einem Glas auflösen) schwimmt er wegen seiner geringen Dichte.